新版

クレヨンしんちゃんのなんでも百科シリーズ

クレヨンしんちゃんのまんが慣《かん》用《よう》句《く》まるわかり辞典《じてん》

キャラクター原作
臼井儀人
編集・構成／りんりん舎

双葉社

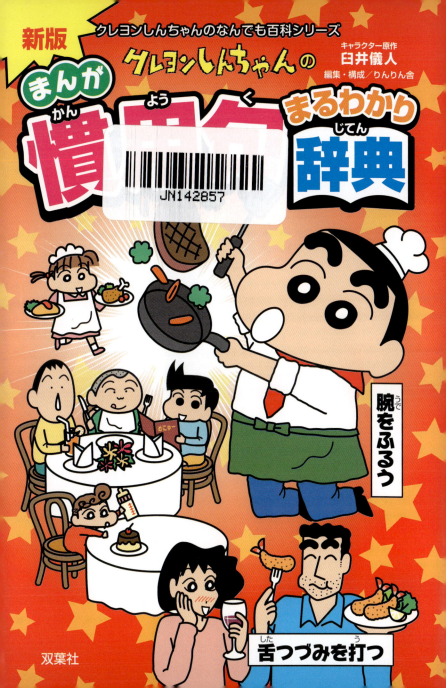

慣用句《かんようく》が使《つか》えると、かっこいいッ！

慣用句《かんようく》なんて、知《し》らない？　いえいえ、あなたは毎日《まいにち》、慣用句《かんようく》を使《つか》ったり聞《き》いたりしているはずですよ。たとえば、こんなセリフを口《くち》にしていませんか？

「しまった。道草《みちくさ》を食《く》ったから、塾《じゅく》におくれるよ！」
「いつも妹《いもうと》の肩《かた》を持《も》つんだから。もう、知《し》らないっ！」

「道草《みちくさ》を食《く》った」は、あなたが道《みち》ばたの草《くさ》をムシャムシャと食《た》べたのではなく「より道をした」の意味《いみ》（147ページ）、「肩《かた》を持《も》つ」は、肩《かた》をつかんで持《も》ったのではなく「味方《みかた》をする」の意味《いみ》（69ページ）ですよね。

このように、2つ以上《いじょう》の言葉《ことば》が組《く》み合《あ》わさって別《べつ》の意味《いみ》になったり、何《なに》かのたとえになったりした言葉《ことば》を慣用句《かんようく》といいます。慣用句《かんようく》と呼《よ》ばれるのは長年《ながねん》、人々《ひとびと》の間《あいだ》で習慣的《しゅうかんてき》に使《つか》われてきた（慣用《かんよう》されてきた）言葉《ことば》だからです。

慣用句《かんようく》を覚《おぼ》え、正《ただ》しい場面《ばめん》で正《ただ》しい慣用句《かんようく》が使《つか》えるようになれば、あなたの表現力《ひょうげんりょく》がアップすると同時《どうじ》に、あなたの株《かぶ》も上《あ》がります（意味《いみ》は188ページ）。たとえば、「安心《あんしん》して。ぼくにまかせてよ」と伝《つた》えたいときは、その後《あと》に「大船《おおぶね》に乗《の》ったような気分《きぶん》でいてよ！」とひと言《こと》そえてみましょう（意味《いみ》は184ページ）。慣用句《かんようく》を使《つか》えるあなたは、かっこよく見《み》えているはずです。

この辞典《じてん》では**500近《ちか》い慣用句《かんようく》の意味《いみ》を説明《せつめい》**しています。「クレヨンしんちゃん」のまんがを楽《たの》しく読《よ》みながら慣用《かんよう》句《く》をどんどん覚《おぼ》え、大人《おとな》もびっくりの慣用句博士《かんようくはかせ》になってくださいね。

国語《こくご》の勉強《べんきょう》にもなるゾ～

❶ 意味《いみ》と使《つか》い方《かた》を覚《おぼ》える

「使《つか》い方《かた》」の文《ぶん》は、声《こえ》に出《だ》して読《よ》むと、よりしっかり覚《おぼ》えられます。

あごで使《つか》う

意味 いばった態度《たいど》で人《ひと》に命令《めいれい》してやらせる。

使い方 6年生《ねんせい》の田中《たなか》くんはいつも「あれ、とってこい。これ、やれ」と、下級生《かきゅうせい》をあご…使《つか》う…から、きらいだ。

由来 あごをしゃくる（あごを前《まえ》に出《だ》す）だけで、人《ひと》にやらせる態度《たいど》から。

類句 **あごで指図《さしず》する。**

参考 **あご足付《あしつ》き**＝食費《しょくひ》・宿泊《しゅくはく》費《ひ》（あご←食《た》べる）と交通費《こうつうひ》（足《あし》←移動《いどう》する）が用意《ようい》…れること。

ラブラブ光線《こうせん》よしゃららら～
かくれコスプレイヤー
ふかづめ竜子《りゅうこ》にはそーゆーシュミが…
ガ～～ン
ててめーいつの間《ま》に…
たのむ～このことはだれにも言《い》わないでくれ～
じゃそのかわりにね…
このや～りっ
おかし食《た》べさせて～
はい
あ～ん
肩《かた》もんで
はい
リーダーをあごで使《つか》ってる…
何《なに》があったの？

❷ 似《に》た意味《いみ》の言葉《ことば》や由来《ゆらい》を学《まな》ぶ

似《に》た意味《いみ》の言葉《ことば》（類語《るいご》）や反対《はんたい》の意味《いみ》の言葉《ことば》（反対《はんたい》語《ご》）を覚《おぼ》えると、豊《ゆた》かな表現力《ひょうげんりょく》が身《み》につきます。言葉《ことば》が生《う》まれた理由《りゆう》（由来《ゆらい》）も覚《おぼ》えましょう。

● まんがで楽《たの》しく理解《りかい》！

この本《ほん》でしか読《よ》めないオリジナルのまんがとコミックスのまんがが、ダブルのまんがで慣用句《かんようく》を楽《たの》しく覚《おぼ》えましょう。

月

日

日直

読《よ》んでおいてほしいですわん♥

この本《ほん》の使《つか》い方《かた》

楽《たの》しみながら覚《おぼ》えよう！

③コラムで物知《ものし》りに

慣用句《かんようく》に関連《かんれん》したことを知《し》ると、社会《しゃかい》や歴史《れきし》の勉強《べんきょう》になります。また、本文《ほんぶん》だけでなく、コラム記事《きじ》もしっかり読《よ》みましょう。

「うだつ」は防火壁《ぼうかへき》のこと

うだつ（梲《うだつ》）は日本家屋《にほんかおく》で、建物《たてもの》のきわに屋根《やね》より高《たか》くつくった防火用《ぼうかよう》の壁《かべ》。昔《むかし》はうだつを上《あ》げられない（つけられない）家《いえ》は貧《まず》しい家《いえ》とされたため、その有無《うむ》が出世《しゅっせ》の目安《めやす》とされた。

鵜飼《うか》いを知《し》ってる？

魚《さかな》を丸《まる》ごと飲《の》みこむ鵜《う》という水鳥《みずとり》を利用《りよう》した漁法《ぎょほう》があるよ。魚《さかな》をとちゅうまで飲《の》みこんだ鵜《う》の口《くち》から、人《ひと》が魚《さかな》を上手《じょうず》にとりだすんだ。岐阜県《ぎふけん》の長良川《ながらがわ》などで行《おこな》われているよ。

コミックスで発見《はっけん》！

ひろしが色《いろ》を失《うしな》ったわけは？

一人《ひとり》でこっそり楽《たの》しもうとした矢先《やさき》に、みさえが帰宅《きたく》。色《いろ》を失《うしな》うのも無理《むり》はないよね。中身《なかみ》は期待《きたい》はずれのビデオでした。

『クレヨンしんちゃん』50巻《かん》・96ページより

④知《し》りたい慣用句《かんようく》をさがす

この本《ほん》には500近《ちか》い慣用句《かんようく》の意味《いみ》をのせています。4～8ページのさくいんでさがしましょう。

さくいん 慣用句《かんようく》のページをさがそう

本文《ほんぶん》で意味《いみ》をのせた慣用句《かんようく》なんだな

目次《もくじ》

慣用句《かんようく》が使《つか》えると、かっこいいゾ！……1
この本《ほん》の使《つか》い方《かた》……2
さくいん 慣用句《かんようく》のページをさがそう……4
1章《しょう》 人《ひと》の体《からだ》に関係《かんけい》する慣用句《かんようく》……9
2章《しょう》 生《い》き物《もの》に関係《かんけい》する慣用句《かんようく》……123
3章《しょう》 その他《た》の慣用句《かんようく》……151

79ページより

さくいん 慣用句《かんようく》のページをさがそう

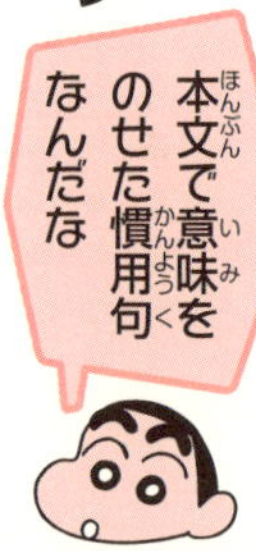

【あ】

開《あ》いた口《くち》がふさがらない……27
相《あい》づちを打《う》つ……152
合《あ》いの手《て》を入《い》れる……152
あうんの呼吸《こきゅう》……122
あげ足《あし》を取《と》る……99
あご足《あし》つき……60
あごで使《つか》う……60
あごを出《だ》す……61
朝飯前《あさめしまえ》……179
足《あし》が地《ち》に着《つ》かない……100
足《あし》が出《で》る……101
足《あし》が棒《ぼう》になる……102
足《あし》が向《む》く……105
足《あし》げにする……105
足手《あしで》まとい……105
足《あし》のふみ場《ば》もない……106
味《あじ》もそっけもない……179
足元《あしもと》にもおよばない……106
足元《あしもと》を見《み》る……106
味《あじ》をしめる……46
足《あし》を延《の》ばす……107
足《あし》を引《ひ》っ張《ぱ》る……107
汗水《あせみず》たらす……111
頭《あたま》が上《あ》がらない……11
頭《あたま》が痛《いた》い……13
頭《あたま》が重《おも》い……15
頭《あたま》が固《かた》い……15
頭《あたま》が切《き》れる……13
頭《あたま》かくして尻《しり》かくさず＊……10
頭《あたま》が下《さ》がる……15
頭《あたま》が低《ひく》い……15
頭《あたま》が古《ふる》い……15
頭《あたま》から湯気《ゆげ》を立《た》てる……10
頭《あたま》に入《い》れる……15
頭《あたま》に来《く》る……15
頭《あたま》に血《ち》が上《のぼ》る……14
頭《あたま》をかかえる……15
頭《あたま》をひねる……13
頭《あたま》を冷《ひ》やす……14
あっけにとられる……179
後《あと》の祭《まつ》り……180
穴《あな》のあくほど……180
油《あぶら》が切《き》れる……153
油《あぶら》を売《う》る……153
油《あぶら》をしぼる……180
油《あぶら》を注《そそ》ぐ……153

あわを食《く》う……49
案《あん》に相違《そうい》する……154
案《あん》の定《じょう》……154

【い】

怒《いか》り心頭《しんとう》に発《はっ》する……14
生《い》き馬《うま》の目《め》をぬく……124
息《いき》が長《なが》い……122
息《いき》を合《あ》わせる……121
息《いき》を殺《ころ》す……121
息《いき》をのむ……121
痛《いた》くもない腹《はら》をさぐられる……76
いたちごっこ……134
板《いた》に付《つ》く……155
一《いち》か八《ばち》か＊……156
一事《いちじ》が万事《ばんじ》……181
一日千秋《いちじつせんしゅう》の思《おも》い……63
一目《いちもく》置《お》く……28
一刻《いっこく》を争《あらそ》う……181
一糸《いっし》まとわず……157
一糸《いっし》乱《みだ》れず……157
一矢《いっし》を報《むく》いる……181
一石《いっせき》を投《とう》じる……182
一杯《いっぱい》食《く》わされる……49
一敗地《いっぱいち》にまみれる……194
一本《いっぽん》取《と》られる……182
命《いのち》の洗濯《せんたく》をする……133
いばらの道《みち》……149
いもを洗《あら》うよう……149
色《いろ》を失《うしな》う……17

【う】

浮《う》き足立《あしだ》つ……103
牛《うし》の歩《あゆ》み……134
後《うし》ろ髪《がみ》を引《ひ》かれる＊……12
後《うし》ろ指《ゆび》をさされる……90
うだつが上《あ》がらない……158
腕《うで》が立《た》つ……88
腕《うで》が鳴《な》る……88
腕《うで》によりをかける……88
腕《うで》を上《あ》げる……87
腕《うで》をふるう……89
腕《うで》をみがく……89
うなぎ上《のぼ》り……134
うのみにする……135
うまい汁《しる》を吸《す》う……182
馬《うま》が合《あ》う……125
うらみを買《か》う……150
裏《うら》をかく……183
うり二《ふた》つ……142
上《うわ》の空《そら》……159
雲泥《うんでい》の差《さ》……183

【え・お】

絵《え》にかいたもち……160
絵《え》にかいたよう……160
えりを正《ただ》す……183
おうむ返《がえ》し……135
大手《おおで》をふる……94
大船《おおぶね》に乗《の》ったよう……184
大《おお》ぶろしきを広《ひろ》げる……184
大目玉《おおめだま》を食《く》う……28
大目《おおめ》に見《み》る……28
奥歯《おくば》に物《もの》がはさまった……56
おくびにも出《だ》さない……184
お茶《ちゃ》をにごす……185
鬼《おに》が出《で》るか蛇《じゃ》が出《で》るか……185
鬼《おに》に金棒《かなぼう》……185
鬼《おに》の首《くび》を取《と》ったよう……185
鬼《おに》の目《め》にも涙《なみだ》……132
尾《お》ひれを付《つ》ける……126
思《おも》うつぼ……186
親《おや》のすねをかじる……107
尾《お》を引《ひ》く……136
お山《やま》の大将《たいしょう》……186
折《お》り紙《がみ》つき……186
恩《おん》を売《う》る……187

【か】

蛙《かえる》の子《こ》は蛙《かえる》……142
顔色《かおいろ》をうかがう……17
顔《かお》が売《う》れる……18
顔《かお》が利《き》く……18
顔《かお》がつぶれる……18
顔《かお》が広《ひろ》い……16
顔《かお》から火《ひ》が出《で》る……19
顔《かお》に書《か》いてある……19
顔《かお》を立《た》てる……19
我《が》が強《つよ》い……118
風上《かざかみ》に置《お》けない……168
かさに着《き》る……187
風《かぜ》の便《たよ》り……187
かたずをのむ……49
肩《かた》で息《いき》をする……68
肩《かた》にかかる……68
肩《かた》の荷《に》が下《お》りる……66
肩身《かたみ》がせまい……68
語《かた》るに落《お》ちる……40
肩《かた》を落《お》とす……69
肩《かた》を貸《か》す……69
肩《かた》を並《なら》べる……67
肩《かた》を持《も》つ……69
株《かぶ》が上《あ》がる……188
かぶとを脱《ぬ》ぐ……161
雷《かみなり》が落《お》ちる……188
借《か》りてきた猫《ねこ》……136

【き】

気《き》が多《おお》い……118
気《き》が置《お》けない……114
気《き》が利《き》く……120
気《き》が気《き》でない……115
気《き》が知《し》れない……120
気《き》が散《ち》る……120
気《き》が短《みじか》い……120
気《き》がもめる……115
聞《き》き耳《みみ》を立《た》てる……45
着《き》た切《き》り雀《すずめ》……132
狐《きつね》と狸《たぬき》の化《ば》かし合《あ》い……127
狐《きつね》につままれる……128
気《き》に入《い》る……120
気《き》にかかる……120
気《き》に病《や》む……120

肝《きも》にめいじる……78
脚光《きゃっこう》を浴《あ》びる……104
気《き》を配《くば》る……118

【く】

釘《くぎ》をさす……162
口裏《くちうら》を合《あ》わせる…54
口《くち》がうまい……54
口《くち》が重《おも》い……54
口《くち》がかたい……54
口《くち》が軽《かる》い……47
口《くち》がすっぱくなる
ほど……50
口《くち》がすべる……50
口《くち》が減《へ》らない……48
口《くち》が悪《わる》い……54
口車《くちぐるま》に乗《の》る……51
口《くち》に合《あ》う……51
くちびるをかむ…51
口火《くちび》を切《き》る……163
口《くち》をそろえる……54
口《くち》を出《だ》す……54
口《くち》をつぐむ……48
口《くち》をとがらす……52
口《くち》をにごす……52
口《くち》をぬぐう……54
口《くち》をはさむ……52
口《くち》を割《わ》る……53
首《くび》が回《まわ》らない……64
首《くび》をかける……64
首《くび》をたてにふる…65
首《くび》をつっこむ……64
首《くび》を長《なが》くする……63
首《くび》をひねる……65
首《くび》を横《よこ》にふる……65
くもの子《こ》を散《ち》らす……129
雲《くも》をつかむよう…188
群《ぐん》をぬく……189

【け】

けたがちがう……189
げたを預《あず》ける……189
煙《けむ》に巻《ま》く……190
けりをつける……190
犬猿《けんえん》の仲《なか》＊……130
けんもほろろ……136

【こ】

甲乙《こうおつ》をつけがたい……67
声《こえ》をのむ……53
黒白《こくびゃく》を争《あらそ》う……191
心《こころ》がこもる……119
心《こころ》ここにあらず…119
心《こころ》を鬼《おに》にする……116
心《こころ》を開《ひら》く……119
心《こころ》を許《ゆる》す……119
腰《こし》が重《おも》い……82
腰《こし》がぬける……82
腰《こし》が低《ひく》い……82
腰《こし》を折《お》る……80
腰《こし》をすえる……81
ごまをする……164

【さ・し】

さじを投《な》げる……165
さばを読《よ》む……137
猿《さる》も木《き》から落《お》ちる＊40
舌《した》つづみを打《う》つ…58
舌《した》の根《ね》も
かわかぬうちに……61
舌《した》を出《だ》す……61
舌《した》を巻《ま》く……59
しっぽを出《だ》す……131
しっぽを巻《ま》く……137
しのぎをけずる…166
自腹《じばら》を切《き》る……163
私腹《しふく》を肥《こ》やす……78
正念場《しょうねんば》……174
白《しら》を切《き》る……167
尻馬《しりうま》に乗《の》る……137
尻《しり》が長《なが》い……83
尻《しり》にしく……86
尻《しり》に火《ひ》が付《つ》く……83
尻《しり》ぬぐいをする…83
尻《しり》をたたく……86
仁義《じんぎ》を切《き》る……167

【す・せ・そ】

雀《すずめ》の涙《なみだ》……132
砂《すな》をかむよう……56
図《ず》に乗《の》る……191
すみに置《お》けない…168
背筋《せすじ》が寒《さむ》くなる…84
背《せ》に腹《はら》は
かえられない…85
世話《せわ》を焼《や》く……191
背《せ》を向《む》ける……86
底《そこ》が浅《あさ》い……192
底《そこ》が割《わ》れる……192
そつがない……192
そでを分《わ》かつ……192
反《そ》りが合《あ》わない…125

【た】

太鼓判《たいこばん》を押《お》す……169
台無《だいな》しにする……193
高《たか》をくくる……193
竹《たけ》を割《わ》ったよう…149
太刀《たち》打《う》ちできない……55
脱帽《だつぼう》する……59
立《た》て板《いた》に水《みず》……170
たてに取《と》る……193
たてをつく……194
たな上《あ》げにする…171
たなおろしをする……171
たなからぼたもち……171
たなに上《あ》げる……171
狸寝《たぬきね》入《い》り……127
玉《たま》にきず……194
だめを押《お》す……172

【ち・つ】

血《ち》が通《かよ》う……108
血《ち》がにじむよう…111
血《ち》となり肉《にく》となる……108
地《ち》に落《お》ちる……194
血《ち》も涙《なみだ》もない……108
帳消《ちょうけ》しにする……178
血《ち》わき肉《にく》おどる…111
月《つき》とすっぽん……195
つじつまが合《あ》う…173
つば競《ぜ》り合《あ》いを

演《えん》じる……166
つばをつける……53
つむじを曲《ま》げる……77
爪《つめ》のあかを せんじて飲《の》む……96
鶴《つる》の一声《ひとこえ》……138

【て・と】

手塩《てしお》にかける＊……91
手取《てと》り足取《あしと》り……94
手《て》に汗《あせ》をにぎる……96
手《て》に余《あま》る……94
手《て》に負《お》えない……93
手《て》に付《つ》かない……95
手《て》のひらを返《かえ》す……92
手《て》も足《あし》も出《で》ない……93
手《て》を打《う》つ……96
手《て》を切《き》る……163
手《て》をこまねく……96
手《て》をつくす……96
手《て》をぬく……96
手《て》を広《ひろ》げる……95
手《て》を焼《や》く……96
天狗《てんぐ》になる……36
天井知《てんじょうし》らず……195
峠《とうげ》を越《こ》す……174
堂《どう》に入《い》る……155
とどのつまり……138
飛《と》ぶ鳥《とり》を 落《お》とす勢《いきお》い……40
途方《とほう》にくれる……195
鳥《とり》はだが立《た》つ……112
どろをかぶる……196

【な・に・ぬ】

長《なが》い目《め》で見《み》る……29
鳴《な》かず飛《と》ばず……158
泣《な》きを入《い》れる……196
泣《な》きを見《み》る……196
梨《なし》のつぶて……150
涙《なみだ》をのむ……29
荷《に》が重《おも》い……66
二足《にそく》のわらじ……196
二進《にっち》も三進《さっち》も いかない……197
二《に》の句《く》が 継《つ》げない……197
二《に》の次《つぎ》にする……197
二《に》の舞《まい》＊……197
にべもない……110
ぬれ衣《ぎぬ》を 着《き》せられる……198

【ね・の】

根《ね》が深《ふか》い……143
猫《ねこ》の手《て》も 借《か》りたい……138
猫《ねこ》の目《め》のよう……139
猫《ねこ》もしゃくしも＊……139
熱《ねつ》が冷《さ》める……198
熱《ねつ》が入《はい》る……198
根《ね》に持《も》つ……150
根《ね》ほり葉《は》ほり……143
根回《ねまわ》しをする……144
寝耳《ねみみ》に水《みず》＊……41
根《ね》も葉《は》もない……145
音《ね》を上《あ》げる……198
根《ね》を下《お》ろす……145
根《ね》を張《は》る……143
年季《ねんき》が入《はい》る……155
念《ねん》を押《お》す……199
のどから手《て》が 出《で》るほど……62
伸《の》るか反《そ》るか……156

【は】

歯《は》が浮《う》くような……56
歯《は》が立《た》たない……55
歯切《はぎ》れがいい……57
白紙《はくし》で臨《のぞ》む……199
白紙《はくし》にもどす……199
薄氷《はくひょう》をふむ……199
はとが豆鉄砲《まめでっぽう》を 食《く》ったよう……27
バトンをわたす……200
鼻《はな》が高《たか》い……36
話《はなし》に花《はな》がさく……146
鼻《はな》であしらう……39
鼻《はな》にかける……37
鼻《はな》に付《つ》く……39
鼻持《はなも》ちならない……39
鼻《はな》を明《あ》かす……38
花《はな》を持《も》たせる……146
歯《は》に衣着《きぬき》せぬ……57
羽《はね》をのばす……133
羽《は》ぶりがいい……140
羽目《はめ》を外《はず》す……200
腹《はら》が黒《くろ》い……74
腹《はら》がすわる……75
腸《はらわた》が煮《に》えくり かえる……78
腹《はら》をかかえる……79
腹《はら》を決《き》める……79
腹《はら》をさぐる……76
腹《はら》を割《わ》って……79
歯《は》を食《く》いしばる……57

【ひ】

ひざを打《う》つ……97
ひざを正《ただ》す……98
ひざを乗《の》り出《だ》す……98
ひざを交《まじ》える……98
額《ひたい》に汗《あせ》する……14
ひと息入《いきい》れる……122
一《ひと》たまりもない……200
人手《ひとで》に落《お》ちる……40
ひとはだ脱《ぬ》ぐ……112
人《ひと》を食《く》う……201
火《ひ》の消《き》えたよう……201
火《ひ》の車《くるま》……201
火《ひ》の付《つ》いたよう……201
日《ひ》の目《め》を見《み》る……104
火花《ひばな》を散《ち》らす……202
火《ひ》ぶたを切《き》る……201
百《ひゃく》に一《ひと》つもない……175
百年《ひゃくねん》の恋《こい》も冷《さ》める……175
百《ひゃく》も承知《しょうち》……175
氷山《ひょうざん》の一角《いっかく》……202
秒読《びょうよ》みに入《はい》る……202
火《ひ》を見《み》る よりも明《あき》らか……201
ピンからキリまで……176

【ふ】
不意《ふい》をつく……203
袋《ふくろ》のねずみ……140
豚《ぶた》に真珠《しんじゅ》＊……130
二《ふた》つ返事《へんじ》で……203
ふところが さびしい……203
腑《ふ》に落《お》ちない……177
腑《ふ》ぬけ……177
【へ・ほ】
へそを曲《ま》げる……77
へりくつをこねる……204
棒《ぼう》にふる……204
ほおが落《お》ちる……40
ほおをふくらます……45
骨《ほね》がある……109
骨《ほね》ぬきにされる……109
骨身《ほねみ》をおしまず……112
骨《ほね》を折《お》る……109
ぼろが出《で》る……204
【ま・み】
眉《まゆ》つばもの……20
眉《まゆ》につばをつける……20
眉《まゆ》ひとつ 動《うご》かさない……21
眉《まゆ》を曇《くも》らす……21
眉《まゆ》をひそめる……21
見得《みえ》を切《き》る……167
みこしをすえる……81
水入《みずい》らず……205
水《みず》が合《あ》わない……178
水《みず》と油《あぶら》……130
水《みず》に流《なが》す……178
水《みず》のあわになる……205
水《みず》ももらさぬ……205
水《みず》を得《え》た魚《さかな》のよう……178
水《みず》を差《さ》す……205
道草《みちくさ》を食《く》う……147
身《み》に余《あま》る……113
身《み》の毛《け》がよだつ……113
耳《みみ》が痛《いた》い……44
耳《みみ》が早《はや》い……44
耳《みみ》に入《い》れる……45
耳《みみ》にたこができる……42
耳《みみ》に付《つ》く……45
耳《みみ》にはさむ……45
耳《みみ》を疑《うたが》う……45
耳《みみ》を貸《か》す……44
耳《みみ》をそろえる……43
耳《みみ》をふさぐ……45
身《み》もふたもない……110
身《み》を切《き》る……163
身《み》を粉《こ》にする……113
【む】
虫《むし》がいい……140
虫《むし》が知《し》らせる……141
虫《むし》が好《す》かない……141
虫《むし》の居所《いどころ》が悪《わる》い……141
無駄骨《むだぼね》を折《お》る……109
胸《むね》が痛《いた》む……71
胸《むね》がいっぱいに なる……71
胸《むね》がすく……73
胸《むね》に一物《いちもつ》……73
胸《むね》に刻《きざ》む……71
胸《むね》に手《て》を置《お》く……73
胸《むね》に秘《ひ》める……73
胸《むね》を打《う》つ……72
胸《むね》をおどらせる……72
胸《むね》を借《か》りる……72
胸《むね》をこがす……73
胸《むね》をなでおろす……73
胸《むね》を張《は》る……70
胸《むね》をふくらませる……73
【め・も】
目《め》が利《き》く……34
目《め》がくらむ……34
目《め》が肥《こ》える……34
目頭《めがしら》が熱《あつ》くなる……34
目《め》が高《たか》い……34
目《め》が点《てん》になる……32
目《め》が飛《と》び出《で》る……34
目《め》がない……30
眼鏡《めがね》にかなう……206
目《め》からうろこが 落《お》ちる＊……22
目《め》から鼻《はな》へぬける……30
目《め》くじらを立《た》てる……23
目先《めさき》を変《か》える……30
メスを入《い》れる……206
目《め》と鼻《はな》の先《さき》……31
目《め》に余《あま》る……31
目《め》に物見《ものみ》せる……34
目《め》の色《いろ》を変《か》える……24
目《め》の上《うえ》のたんこぶ……31
目《め》の敵《かたき》にする……32
目《め》の黒《くろ》いうち……32
目《め》のつけどころ……34
目鼻《めはな》が付《つ》く……34
目《め》も当《あ》てられない……35
目《め》を疑《うたが》う……35
目《め》をうばわれる……32
目《め》をかける……25
目《め》を配《くば》る……35
目《め》をくらます……33
目《め》をこらす……35
目《め》を皿《さら》の ようにする……26
目《め》を三角《さんかく》にする……23
目《め》を白黒《しろくろ》させる……33
目《め》を通《とお》す……35
目《め》をぬすむ……33
目《め》をはなす……35
目《め》を引《ひ》く……35
目《め》を丸《まる》くする……27
元《もと》も子《こ》もない……206
【や・わ】
矢面《やおもて》に立《た》つ……207
焼《や》け石《いし》に水《みず》……170
やけを起《お》こす……207
やぶから棒《ぼう》……150
わらじを脱《ぬ》ぐ……161
わらにもすがる……148
我《われ》に返《かえ》る……117
我《われ》も我《われ》もと……117
我《われ》を忘《わす》れる……117

語末に＊をつけた語は『新版 クレヨンしんちゃんの まんがことわざ辞典』でも掲載していますが、慣用句としても馴染みがあるため本書でも解説しています。［編集部］

1章《しょう》 人《ひと》の体《からだ》に関係《かんけい》する慣《かん》用《よう》句《く》

慣用句《かんようく》の中《なか》で最《もっと》も多《おお》いのが、目《め》や耳《みみ》などの人《ひと》の体《からだ》に関係《かんけい》する言葉《ことば》を使《つか》った慣用句《かんようく》です。

目《め》がない

この子《こ》迷子《まいご》ですよー！
ぴた～
IKE MEN
池面
ひまわりはイケメンに目《め》がないからなぁ

耳《みみ》が早《はや》い

のぞきはよくないぞ
のぞきじゃなくて立《た》ち聞《ぎ》きよ
だからネネちゃん耳《みみ》が早《はや》いのね

腕《うで》が鳴《な》る

私《わたし》の運転《うんてん》でドライブ行《い》こ！腕《うで》が鳴《な》るわぁ
ブギャアアッ
うわあ
キュルキュル
バキョー
どっすーん
スリル満点《まんてん》なんだよな…
オラのこと忘《わす》れないでね
オエ

頭《あたま》から湯気《ゆげ》を立《た》てる

意味 激《はげ》しい様子《ようす》でおこる。かんかんになっておこる。

使い方 しんちゃんのいたずらに、みさえは**頭《あたま》から湯気《ゆげ》を立《た》てる**勢《いきお》いでおこった。

ポイント 湯気《ゆげ》は、湯《ゆ》の表面《ひょうめん》から立《た》ち上《のぼ》る白《しろ》いけむりのようなもの。熱《あつ》い様子《ようす》をたとえに、こうふんしている様子《ようす》を伝《つた》える。

類語 **頭《あたま》に来《く》る。**

頭《あたま》かくして尻《しり》かくさずとは自分《じぶん》の悪事《あくじ》をかくそうとしているんだけど、かくしきれていないまぬけな様子《ようす》を笑《わら》った慣用句《かんようく》。かくれんぼで、本人《ほんにん》はかくれているつもりなんだけど、おしりが見《み》えている、あの感《かん》じだよ。草《くさ》むらにかくれきれなかったきじのお話《はなし》に由来《ゆらい》しているらしい。

手《て》ぬきしすぎだろ
朝飯《あさめし》くらいちゃんとつくれよ!
何《なに》よエラソーに
朝《あさ》は時間《じかん》がないんだからしょうがないでしょ
時間《じかん》がないのは早《はや》く起《お》きないからだろ!
そーだそーだ妖怪《ようかい》おねぼうおばば!
そんなにおかずがほしいならもっとかせぎなさいよ
そうだ 妖怪《ようかい》※かいしょうなしおやじ!
何《なん》だと!
二人《ふたり》とも頭《あたま》から湯気《ゆげ》を立《た》てないで…
何《なに》よ!
つねーっ
ぶー

※＝生活能力《せいかつのうりょく》がないこと。意気地《いくじ》なし。「甲斐性《かいしょう》なし」と書《か》く。

頭《あたま》が上《あ》がらない

意味 世話《せわ》になったり負《お》い目《め》を感《かん》じたりしているため、対等《たいとう》につきあえない。

使い方 ボーちゃんはこの前《まえ》、カザマくんから50円《えん》を借《か》りた。これを返《かえ》すまでは、カザマくんに**頭《あたま》が上《あ》がらない**かも。

ポイント **頭《あたま》が下《さ》がる**（15ページ）の意味《いみ》は「頭《あたま》が上《あ》がらない」とは別《べつ》。

参考 **頭《あたま》が上《あ》がらぬ**ともいう。

何《なん》でオラがネネちゃんのおともをしなきゃいけないの
あーらそんなこと言《い》っていいの？
ムスッ
ひとりで行けばっ
ようち園《えん》でチョコビのパッケージのワニの金歯《きんば》をなくしてオロオロしてたのはだれだっけ？
チョコビ
見《み》つけてあげたのはだれだったかしら？
金歯《きんば》を３枚集《まいあつ》めて送《おく》ると「ワニさん寝袋《ねぶくろ》」が当《あ》たるらしい
今日《きょう》のしんちゃんはネネに頭《あたま》が上《あ》がらないはずよ！
みっちりやるわよォ
しゅん
台本《だいほん》
リアル
愛《あい》の家《いえ》

後《う》ろ髪《がみ》を引《ひ》かれる

意味 大切《たいせつ》にしている人《ひと》や物《もの》が気《き》にかかり、そこを去《さ》りがたい様子《ようす》。

使い方 子《こ》どもをようち園《えん》に預《あず》けたお母《かあ》さんは毎朝《まいあさ》、**後《うし》ろ髪《がみ》を引《ひ》かれる**思《おも》いで、ようち園《えん》を後《あと》にしているらしい。

ポイント 「〜思《おも》い」で使《つか》われることが多《おお》い。

参考 後《うし》ろ髪《がみ》＝後頭部《こうとうぶ》の髪《かみ》。

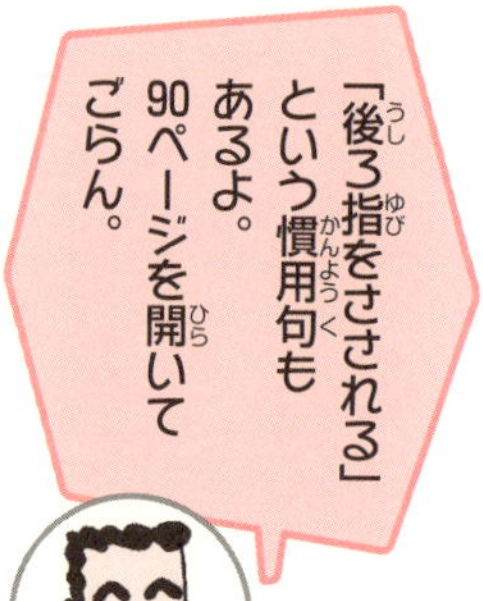
「後《うし》ろ指《ゆび》をさされる」という慣用句《かんようく》もあるよ。90ページを開《ひら》いてごらん。

行《い》ってらっしゃい
ぴた
とーたん
ひまわり…
たん
ああ ひまわりに そんなふうに 呼《よ》ばれたら 後《うし》ろ髪《がみ》を 引《ひ》かれて しまうよ
だっ
ひまわりーっ!
ほーれ イケメン 写真集《しゃしんしゅう》
きゃぴ♡
くるっ

頭《あたま》が痛《いた》い

意味 ①解決方法《かいけつほうほう》が思《おも》いつかず、困《こま》ったりなやんだりする様子《ようす》。②頭痛《ずつう》がする。

使い方 ①来月《らいげつ》の友《とも》だちの結婚《けっこん》式《しき》は、お祝《いわ》いにいくら包《つつ》もうか。**頭《あたま》が痛《いた》い**。

先生《せんせい》見《み》て ボクの 石《いし》コレ クション
先生《せんせい》見《み》て 太《ふと》い 犬《いぬ》のフン
ほかに趣味《しゅみ》は ないの？ 頭《あたま》が 痛《いた》いわ

頭《あたま》が切《き》れる

意味 頭《あたま》の回転《かいてん》が速《はや》い。物事《ものごと》をてきぱきと解決《かいけつ》する。「切《き》れる」は「切《き》れ味《あじ》がよい」「見事《みごと》な」の意味《いみ》で使《つか》われる」

使い方 彼女《かのじょ》はトラブルを次々《つぎつぎ》と処理《しょり》する。**頭《あたま》が切《き》れる**人《ひと》だ。

何《なに》その かっこうは？
目立《めだ》つカッコして 車《くるま》にひかれ ないように！
オラって 頭《あたま》が切《き》れるなあ

頭《あたま》をひねる

意味 答《こた》えがわからないままに、なやみながらいろいろと考《かんが》える。

使い方 「これは、難《むずか》しいや」ひろしは新聞《しんぶん》のクロスワードパズルが解《と》けずに、さっきからしきりに**頭《あたま》をひねって**いる。

まつざか先生《せんせい》を モテモテにしよう！
頭《あたま》をひねって 作戦会議《さくせんかいぎ》だ
お酒《さけ》は やめて
けしょうは うすく
よけいなお世話《せわ》だ

頭《あたま》を冷《ひ》やす

意味 気持《きも》ちの高《たか》ぶりをしずめ、落《お》ち着《つ》く。冷静《れいせい》になる。

使い方 **頭《あたま》を冷《ひ》やして、**思《おも》い出《だ》してみましょう。

反対語 **頭《あたま》に血《ち》が上《のぼ》る**＝気持《きも》ちが高《たか》ぶる。こうふんする。

怒《いか》り心頭《しんとう》に発《はっ》する

意味 心《こころ》の底《そこ》から怒《いか》る。［心頭《しんとう》＝心《こころ》の中《なか》。発《はっ》する＝生《しょう》じる。起《お》きる］

使い方 うまく書《か》いたつもりの結婚式《けっこんしき》のスピーチを妻《つま》にばかにされ、**怒《いか》り心頭《しんとう》に発《はっ》した。**

額《ひたい》に汗《あせ》する

意味 一生懸命《いっしょうけんめい》に働《はたら》く。［汗《あせ》は、一生懸命《いっしょうけんめい》な様子《ようす》を表《あらわ》す］

使い方 これは、父《とう》さんと母《かあ》さんが**額《ひたい》に汗《あせ》して**働《はたら》いて貯《た》めたお金《かね》で建《た》てた家《いえ》だ。

類語 **汗水《あせみず》たらす**（111ページ）。

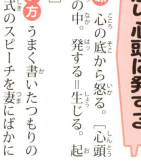

とっておきメモ

頭《あたま》に関係《かんけい》した慣用句《かんようく》だよ

●**頭《あたま》が重《おも》い**＝①**気分《きぶん》がよくない。**↓カゼ気味《ぎみ》で、昨日《きのう》からずっと頭《あたま》が重《おも》いんだ。②**楽《たの》しめずに、気分《きぶん》が晴《は》れない。**↓月曜日《げつようび》の朝《あさ》はいつも、頭《あたま》が重《おも》くなる。

類語 気《き》が重《おも》い。

●**頭《あたま》が固《かた》い**＝**がんこである。これまでのやり方《かた》でしかできない。新《あたら》しいやり方《かた》を覚《おぼ》えない。**↓頭《あたま》が固《かた》い人《ひと》に、最近《さいきん》のSNS《エスエヌエス》の流行《りゅうこう》は理《り》解《かい》できないのかな。

類語 石頭《いしあたま》。

●**頭《あたま》が下《さ》がる**＝**ふるまいや努力《どりょく》に感心《かんしん》して尊敬《そんけい》する。**↓被災地《ひさいち》で人《ひと》助《だす》けをするボランティアの活動《かつどう》には、頭《あたま》が下《さ》がる。

●**頭《あたま》が低《ひく》い**＝**控《ひか》えめである。謙虚《けんきょ》である。**↓あれだけ頭《あたま》が低《ひく》い社《しゃ》長《ちょう》もめずらしい。

類語 腰《こし》が低《ひく》い。

●**頭《あたま》が古《ふる》い**＝**昔《むかし》と同《おな》じようにしか考《かんが》えられない。**↓昨日《きのう》、孫《まご》から「いまはメールよりSNS《エスエヌエス》。頭《あたま》が古《ふる》いよ」と言《い》われた。

●**頭《あたま》に入《い》れる**＝**しっかり覚《おぼ》えておく。**↓明日《あした》、おじさんのおみまいに行《い》くなら、病院《びょういん》までの道順《みちじゅん》を頭《あたま》に入《い》れておいてね。

●**頭《あたま》に来《く》る**＝**かっとなっておこる。**↓ひろしに「おばさん」と言《い》われたみさえは頭《あたま》に来《き》て、ひろしと三日間《みっかかん》、口《くち》を利《き》かなかった。

類語 頭《あたま》から湯気《ゆげ》を立《た》てる。怒《いか》り心頭《しんとう》に発《はっ》する。腸《はらわた》が煮《に》えくりかえる。腹《はら》が立《た》つ。堪忍袋《かんにんぶくろ》の緒《お》が切《き》れる。

●**頭《あたま》をかかえる**＝**どうしたらよいかわからず、困《こま》る。**↓漢字《かんじ》ドリル、計算《けいさん》ドリル、塾《じゅく》の宿題《しゅくだい》。いったいどれからやればいいの？　姉《あね》は頭《あたま》をかかえた。

類語 頭《あたま》を悩《なや》ます。頭《あたま》を痛《いた》める。

顔《かお》が広《ひろ》い

意味 顔《かお》や名前《なまえ》が広《ひろ》く知《し》られている。

使い方 彼女《かのじょ》は新聞記者《しんぶんきしゃ》という仕事《しごと》がら、とても**顔《かお》が広《ひろ》い**。特《とく》に**顔《かお》が広《ひろ》い**のは医療方面《いりょうほうめん》だ。

ポイント 政治家《せいじか》や会社《かいしゃ》のえらい人《ひと》を相手《あいて》にするときは、相手《あいて》を立《た》てて「お顔《かお》が広《ひろ》い」と言《い》うこともある。⬇**お顔《かお》が広《ひろ》い**先生《せんせい》にいろいろとご協力《きょうりょく》いただければ。

参考 **顔《かお》を立《た》てる**（19ページ）。

昨日《きのう》はアイドルS《エス》のお誕生日《たんじょうび》。今日《きょう》は女優《じょゆう》T《ティー》のパーティーに呼《よ》ばれてますの
すごい！あいちゃん**顔《かお》が広《ひろ》い**んだね
いやいや四郎《しろう》くんの顔《かお》の方《ほう》が大《おお》きいでしょ
ちがうよ友《とも》だちがたくさんいるってことだよ
いいなあすごい友《とも》だちがたくさんいて
四郎《しろう》くんだってすごい友《とも》だちがいるじゃないスーザン小雪《こゆき》とか
ぶほほほほほ
すごいというよりスサマジイかな…

色《いろ》を失《うしな》う

意味 おどろいたりこわくなったりして、顔《かお》が青《あお》ざめる。

［「色《いろ》」→24ページ参照《さんしょう》］

使い方 列車《れっしゃ》が暴走《ぼうそう》しだした。乗客《じょうきゃく》はだれもが**色《いろ》を失《うしな》って**、シートにしがみついた。

マサオくんの顔《かお》からみるみる**色《いろ》が失《うしな》われて**いきます！
実況《じっきょう》
ぞおお〜っ
私《わたし》の言《い》うことに逆《さか》らったら…わかってるわよね

コミックスで発見《はっけん》！

ひろしが色《いろ》を失《うしな》ったわけは？

一人《ひとり》でこっそり楽《たの》しもうとした矢先《やさき》に、みさえが帰宅《きたく》。色《いろ》を失《うしな》うのも無理《むり》はないよね。中身《なかみ》は期待《きたい》はずれのビデオでした。

ガチャッ
ただいまーっ
たーい
ただいまりもっこり
えっ?!
あれ？お銀座《ぎんざ》でお夕食《ゆうしょく》では？
こそこそするからダメなのよね〜

『クレヨンしんちゃん』50巻《かん》・96ページより

顔色《かおいろ》をうかがう

意味 きげんの具合《ぐあ》いを見《み》る。

使い方 カザマくんは先生《せんせい》の**顔《かお》色《いろ》をうかがい**ながら、意見《いけん》した。

類語 **顔色《かおいろ》を見《み》る**。

参考 顔色《かおいろ》は「顔《かお》の血色《けっしょく》」も表《あらわ》す。➡カゼで顔色《かおいろ》が悪《わる》い。

カザマくんのとなりでお昼《ひる》ねしていい？
顔色《かおいろ》をうかがいながらそーいうセリフを言《い》うなよ
気色悪《きしょくわる》いな

顔《かお》が売《う》れる

意味 有名《ゆうめい》になる。

使い方 あの芸人《げいにん》は今年《ことし》、とつぜん**顔《かお》が売《う》れ**だした。去年《きょねん》はだれも知《し》らなかったのに。

ポイント 顔《かお》は知名度《ちめいど》、評判《ひょうばん》のたとえになっている。

はっ
阻止《そし》
阻止《そし》
あっ あいつは いつもの 立《た》ち読《よ》みこぞう！
顔《かお》が売《う》れすぎかな 困《こま》ったな
アイドル写真集《しゃしんしゅう》
すわってるもーん

顔《かお》が利《き》く

意味 （地位《ちい》や関係《かんけい》から）いいサービスが期待《きたい》できる。

使い方 系列会社《けいれつがいしゃ》に勤《つと》めるお父《とう》さんの**顔《かお》が利《き》く**から、あのホテルにとまろう。

ホホホ…
私《わたし》 この店《みせ》は 顔《かお》が利《き》くから つい無理《むり》を 言《い》っちゃうのよ
すげ…

顔《かお》がつぶれる

意味 世間《せけん》からの評価《ひょうか》や信頼《しんらい》を失《うしな》う。

使い方 この発表《はっぴょう》が失敗《しっぱい》したら、社長《しゃちょう》の**顔《かお》がつぶれて**しまう。気《き》をひきしめてやろう。

類語 **面目《めんぼく》がつぶれる**。

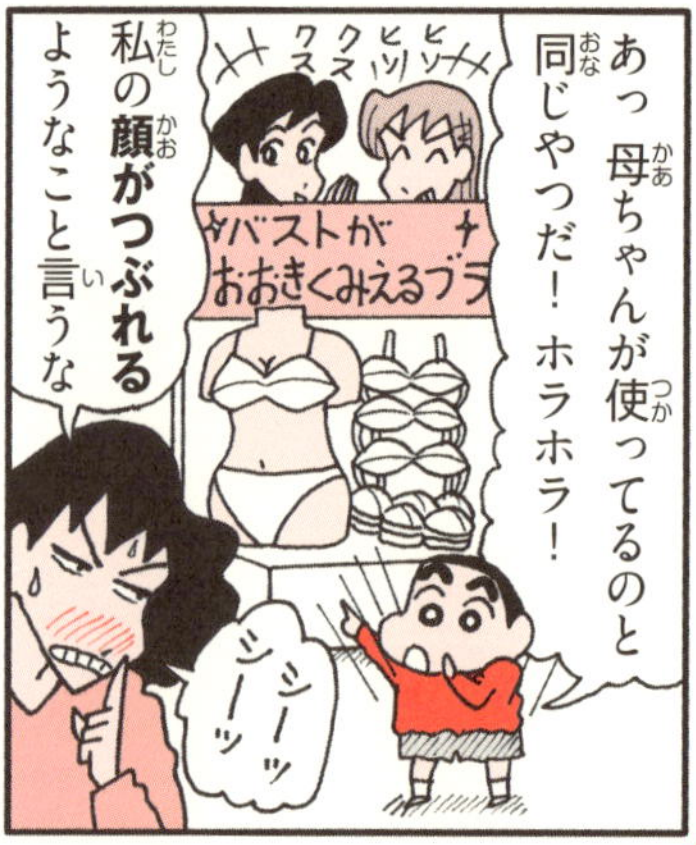
あっ 母《かあ》ちゃんが使《つか》ってるのと同《おな》じやつだ！ ホラホラ！
クスクス ヒソヒソ
バストがおおきくみえるブラ
私《わたし》の顔《かお》がつぶれるようなこと言《い》うな
シーッ シーッ

顔《かお》から火《ひ》が出《で》る

意味 はずかしくて赤面《せきめん》する。「〜思《おも》い」「〜はずかしさ」と使《つか》うことが多《おお》い。

使い方 町中《まちなか》でしんちゃんがいたずらをするたびに、みさえは何《なん》度《ど》も**顔《かお》から火《ひ》が出《で》る**思《おも》いをした。

モロダシ共和国《きょうわこく》の正装《せいそう》デス
しんちゃんまで
キャー 見ないでっ
顔《かお》から火《ひ》が出《で》るほどはずかしい〜

顔《かお》に書《か》いてある

意味 気持《きも》ちや感情《かんじょう》の変化《へんか》が顔《かお》に表《あらわ》れている。

使い方 「ななこちゃんが大好《だいす》きと、ちゃんと**顔《かお》に書《か》いてある**わよ」と、みさえがしんちゃんを冷《ひ》やかした。

何《なに》を悩《なや》んでいるの?
いいえ 何《なに》も…
オラを弟子《でし》にして!
……!
うそ おっしゃい ちゃんと**顔《かお》に書《か》いてある**わよ
なやんでます

顔《かお》を立《た》てる

意味 その人《ひと》の評判《ひょうばん》が悪《わる》くならないように工夫《くふう》する。

使い方 「先生《せんせい》の**顔《かお》を立《た》てて**、今《こん》回《かい》はだまっておきましょう」。園長先生《えんちょうせんせい》はまつざか先生《せんせい》の失敗《しっぱい》を表《おもて》ざたにしないことにした。

みさえー! えらそうな課長《かちょう》のおじさんがいらっしゃりやがったぞー
オレの**顔《かお》を立《た》てて**おとなしくしていてくれよ
あせあせ
ワッハッハッハッ

眉《まゆ》につばをつける

意味 だまされないように気《き》をつける。

使い方 食《た》べるだけで頭《あたま》がよくなるカステラが発売《はつばい》？ そんなもの、あるはずないよ。うまい話《はなし》には、裏《うら》がある。**眉《まゆ》につばをつけて**聞《き》きなさい。

由来 眉《まゆ》につばをつければ狐《きつね》や狸《たぬき》などに化《ば》かされない（だまされない）という昔《むかし》の言《い》い伝《つた》えから。

参考 **眉《まゆ》つばもの**＝本当《ほんとう》かどうかわからない。⬇あのニュースは眉《まゆ》つばものだから、信《しん》じてはいけないよ。

NENE
よっかわいいね
びじんキャスター
こんにちは ネネワイドの 時間《じかん》です
何《なん》だ 何《なん》だ
今日《きょう》 M《エム》先生《せんせい》が お見合《みあ》い するとの 情報《じょうほう》を 入手《にゅうしゅ》 しました
へぇーっ
M《エム》はマチコ デラックス かな
まつざか 先生《せんせい》だろ
ネネちゃんの情報《じょうほう》は **眉《まゆ》につばをつけて** 聞《き》かないとね
何《なん》で すってぇ この コスプレ男《おとこ》
おおっ
これはホント らしいぞ! めずらしい!

眉《まゆ》をひそめる

意味 ①いやなものを目《め》にして、顔《かお》をしかめる。［反発《はんぱつ》や不愉快《ふゆかい》の感情《かんじょう》を表《あらわ》す］
②心配《しんぱい》する。

使い方 ①バスの中《なか》でさわぐ中《ちゅう》学生《がくせい》の集団《しゅうだん》に、まわりの大人《おとな》が**眉《まゆ》をひそめた**。
②「ひまわりの熱《ねつ》が下《さ》がらないわ」と、みさえは**眉《まゆ》をひそめた**。

類語 **眉《まゆ》を曇《くも》らす**＝心配《しんぱい》して暗《くら》い顔《かお》になる。

参考 **眉《まゆ》ひとつ動《うご》かさない**＝あわてる様子《ようす》がない。⬇園長先生《えんちょうせんせい》は眉《まゆ》ひとつ動《うご》かさないで、上尾《あげお》先生《せんせい》の報告《ほうこく》を最後《さいご》まで聞《き》いた。

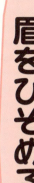

目《め》からうろこが落《お》ちる

意味 あるきっかけで、今《いま》までわからなかった物事《ものごと》の本質《ほんしつ》がわかるようになる。開眼《かいげん》する。

使い方 医師《いし》の説明《せつめい》を聞《き》いて、**目《め》からうろこが落《お》ちた**。これは恋《こい》の病《やまい》ではなく、ただのカゼだったのだ。

由来 キリスト教《きょう》の『新約聖《しんやくせい》書《しょ》』が伝《つた》える、目《め》からうろこのような物《もの》が落《お》ちて目《め》が見《み》えるようになったというキリストの弟《で》子《し》の話《はなし》から。

参考 「目《め》からうろこが取《と》れる」はまちがい。

竹刀《しない》はこう持《も》つ
なるほど
ちんちんはこう持《も》つんだよね
ちがう！正《ただ》しくはこうだ！それだとねらいが定《さだ》まらぬ
おわっマンモスさん
ぺろ
こう？
あーだこーだ
右手《みぎて》の人差《ひとさ》し指《ゆび》と中指《なかゆび》で軽《かる》くはさみそのとき左手《ひだりて》は…
でこう持《も》てばねらった所《ところ》へおしっこできるんだって
知《し》らなかったなあ**目《め》からうろこが落《お》ちた**よ！
…何《なん》のけいこ？
ちん

目《め》くじらを立《た》てる

意味 気《き》にいらないことに、いかったり、文句《もんく》を言《い》ったりする。

使い方 オラの小《ちい》さないたずらにいちいち**目《め》くじらを立《た》てて**いたら、身《み》がもたないゾ、みさえ。

ポイント 目《め》くじら＝目《め》のはし。目《め》くじらを立《た》てるは、目《め》をつりあげる様子《ようす》を表《あらわ》している。

参考 **目《め》を三角《さんかく》にする**＝こわい目《め》つきをする。⬇ネネちゃんが目《め》を三角《さんかく》にして、あいちゃんをにらんでいた。

4人《にん》あわせて
埼玉《さいたま》紅《べに》さそり隊《たい》!
ちょっと待《ま》て てめーを入《い》れた覚《おぼ》えはねーぞ!
オラも入《い》れてもらった覚《おぼ》えはないぞー
じゃあ あっち行《い》けよ
ふんっ おケチ
んだと てめーっ
ガキの言《い》うことにいちいち目《め》くじらを立《た》てるなよ
売《う》れないお笑《わら》いグループ
んだと～⁉ 今《いま》に見《み》てろ 絶対《ぜったい》売《う》れてやっかんな!
リーダー あたしら お笑《わら》いじゃないでしょ

目《め》の色《いろ》を変《か》える

意味 喜《よろこ》んだりおどろいたり熱中《ねっちゅう》したりして、目《め》つきを変《か》える。

使い方 「駅前《えきまえ》のデパートでバーゲンやっていたよ」というひろしの声《こえ》を聞《き》いたみさえは、**目《め》の色《いろ》を変《か》えて**家《いえ》を飛《と》び出《だ》していった。

参考 **目《め》の色《いろ》が変《か》わる**ともいう。

色《いろ》は表情《ひょうじょう》や態度《たいど》のたとえに

「色《いろ》」は、表情《ひょうじょう》や態度《たいど》を伝《つた》えるたとえとして多《おお》く使《つか》われている。

- 表情《ひょうじょう》のたとえ　例《れい》：その結果《けっか》におどろきの色《いろ》をかくせなかった。
- 態度《たいど》のたとえ　例《れい》：その後《ご》の彼《かれ》の言動《げんどう》には、反省《はんせい》の色《いろ》がいっこうに見《み》られなかった。

すごい台風《たいふう》だな
びょおおおぉ
避難所《ひなんじょ》はまだ?
あぶないっ
おぉ
ふわ〜
ぎょっ
はっし
飛《と》ばされちゃうからかさたたもう
母《かあ》ちゃんは重《おも》くて飛《と》ばないからだいじょうぶだよ
失礼《しつれい》ねっ飛《と》ばされてみせるわよっ
ばっ
そんなことに目《め》の色《いろ》を変《か》えなくても

目《め》をかける

意味 特別《とくべつ》に世話《せわ》をする。ひいきにする。

使い方 小学生《しょうがくせい》のころから彼《かれ》の歌声《うたごえ》のすばらしさを見《み》ぬき、中学《ちゅうがく》、高校《こうこう》と**目《め》をかけて**きた。

ポイント 年長者《ねんちょうしゃ》や指導者《しどうしゃ》が、気《き》に入《い》ったり成長株《せいちょうかぶ》と見《み》こんだ年少者《ねんしょうしゃ》や弟子《でし》を世話《せわ》する場合《ばあい》に多《おお》く用《もち》いられる。悪《わる》い意味《いみ》で使《つか》うことは少《すく》ない。

類語 **目《め》にかける**。

参考 好《す》ききらいから一方《いっぽう》の肩《かた》を持《も》つ「えこひいきする」は、やっかみから使《つか》うことが多《おお》い。

ひまわりちゃん いるかね?
おや またずれ荘《そう》の大家《おおや》さん
ひまは 母《かあ》ちゃんとお出《で》かけ
なあんだ せっかく ひまちゃんにお土産《みやげ》持《も》ってきたのに
イケメンのブロマイド
オラには?
ない
ひまわりに ばっかり 目《め》をかけて…
私《わたし》たち もう 終《お》わりね
始《はじ》まっても いないわ!
ハラ
ハラ
ハラ

目《め》を皿《さら》のようにする

意味 目《め》を大《おお》きく開《ひら》いて注意深《ちゅういぶか》く見《み》る様子《ようす》。

使い方 **目《め》を皿《さら》のようにして**床《ゆか》をさがしたが、落《お》としたコンタクトレンズを見《み》つけることはできなかった。

ポイント 物《もの》をさがしたり、おどろいたりしたときの様子《ようす》を表《あらわ》す。
後《うし》ろに「さがす」「見《み》る」をつけることが多《おお》い。

あれー? パールのネックレスがないわ
あいつか…?
ない…
ゆさ ゆさ
ポロ
ポロ
ポロ
おかしいなぁ
バラ
バラ
バサ
ガサ
ガサ
?
?
こんなに目《め》を皿《さら》のようにしてさがしたのに
んべろ

目《め》を丸《まる》くする

意味 おどろいて目《め》を大《おお》きく開《ひら》く様子《ようす》。

使い方 ひろしとみさえは**目《め》を丸《まる》くした**。なんと、しんちゃんがおかたづけをしたのだ。

参考 **はとが豆鉄砲《まめでっぽう》を食《く》ったよう**＝おどろいてきょとんとする様子《ようす》。↓いきなり指名《しめい》され、はとが豆鉄砲《まめでっぽう》を食《く》ったような顔《かお》をしていた。

開《あ》いた口《くち》がふさがらない＝おどろきあきれてものが言《い》えない。［非難《ひなん》するときに使《つか》う］↓おとなりさんのずうずうしさには、開《あ》いた口《くち》がふさがらないよ。

ばたん
ただいまママ
ガーン
ママーッ！
ママ！しっかりしてママーッ
あらやだ　チョコレート食《た》べながら寝《ね》ちゃったわ
むくっ
あらシャツもチョコだらけ
ん？目《め》を丸《まる》くしてどうしたの？

一目置《いちもくお》く

意味 相手《あいて》の能力《のうりょく》や価値《かち》を認《みと》め、一歩《いっぽ》ゆずる。［囲碁《いご》で、弱《よわ》い者《もの》が先《さき》に一《ひと》つ石《いし》を置《お》いて（一目置《いちもくお》いて）勝負《しょうぶ》を始《はじ》めることから］

使い方 石《いし》に関《かん》するボーちゃんの知識《ちしき》にはみな**一目置《いちもくお》いて**いる。

※＝苦《くる》しみや痛《いた》みを減《へ》らすこと。

大目玉《おおめだま》を食《く》う

意味 失敗《しっぱい》やまちがい、いけないことをして、上《うえ》の人《ひと》にひどくしかられる。

使い方 重要書類《じゅうようしょるい》を電車《でんしゃ》の中《なか》に忘《わす》れ、ひろしは部長《ぶちょう》から**大目玉《おおめだま》を食《く》った**。

大目《おおめ》に見《み》る

意味 本当《ほんとう》はよくないが、きびしく責《せ》めずにゆるす。

使い方 今朝《けさ》は台風《たいふう》だったので、遅刻《ちこく》は**大目《おおめ》に見《み》て**あげるよ。

類語 **目《め》をつぶる**。**見《み》て見《み》ぬふりをする**。

長《なが》い目《め》で見《み》る

意味 気長《きなが》に見守《みまも》る。今《いま》の様子《ようす》だけで決《き》めつけない。

使い方 野菜《やさい》や肉《にく》をバランスよく食《た》べることは、**長《なが》い目《め》で見《み》れば**、体《からだ》によいことだ。

オラ 将来《しょうらい》オリンピックで金《きん》メダル取《と》るから
れんしゅうしとこ
センキュー!
センキュー
長《なが》い目《め》で見《み》てあげるわよ

涙《なみだ》をのむ

意味 つらい気持《きも》ち、くやしい気持《きも》ちをがまんする。

使い方 A《エー》社《しゃ》への就職活動《しゅうしょくかつどう》は3次面接《じめんせつ》まで進《すす》んだが、あと少《すこ》しのところで**涙《なみだ》をのんだ**。

類語 **くちびるをかむ**。

これもこれも処分《しょぶん》っと
どさっ ばさっ
ああ…
ええいっ **涙《なみだ》をのんで**お別《わか》れだ! さらばグラビアアイドルたちよ!

コミックスで発見《はっけん》!

大目《おおめ》に見《み》るよ ひまわりだから

いそがしい朝《あさ》。ふだんなら、甘《あま》えんぼうにきびしいひろしも、ひまわりにたのまれたら、大目《おおめ》に見《み》るしかないよね。

じわ…
んもーっ 泣《な》くなよ わかったよ
ちょっとだけだぞ
ほーら だっこ!!

『クレヨンしんちゃん』47巻《かん》・49ページより

ひまわりには甘《あま》いのよねー

目《め》がない

意味 ①大好《だいす》きである。②正《ただ》しい判断力《はんだんりょく》がない。

使い方 ①みさえは甘《あま》い物《もの》に**目《め》がない**。②あんないいかげんな人《ひと》をやとうなんて。うちの社長《しゃちょう》は人《ひと》を見《み》る**目《め》がない**。

ぴた〜
この子《こ》迷子《まいご》ですよー！
IKE MEN
池面
ひまわりはイケメンに**目《め》がない**からなぁ

目《め》から鼻《はな》へぬける

意味 頭《あたま》の回転《かいてん》が速《はや》くて、かしこい。

使い方 判断《はんだん》がはやくて正確《せいかく》。**目《め》から鼻《はな》へぬける**部下《ぶか》の対応《たいおう》におどろかされた。

類語 **ぬけ目《め》がない**。

するらっ
目《め》から鼻《はな》へぬけるみごとな脱走方法《だっそうほうほう》ね
さーーっ
おおっ!

目先《めさき》を変《か》える

意味 今《いま》までのやり方《かた》を変《か》える。

使い方 いいアイデアが浮《う》かばないときは、**目先《めさき》を変《か》えて**考《かんが》えなきゃ。「クレヨンしんちゃん」のまんがを読《よ》めば？

マーサオくーん
なんで冷蔵庫《れいぞうこ》？ふつう玄関《げんかん》から呼《よ》ぶでしょ
そのパターンあきたから**目先《めさき》を変《か》えて**みた
あ プリン

目《め》と鼻《はな》の先《さき》

意味 とても近《ちか》い。すぐそこ。

使い方 救急車《きゅうきゅうしゃ》で運《はこ》ばれた病院《びょういん》は、家《いえ》から**目《め》と鼻《はな》の先《さき》**だった。

♪
このお店《みせ》行《い》ってみましょうよ
ウチから目《め》と鼻《はな》の先《さき》だし
ラーメン
オープン
二枚目店員《にまいめてんいん》多数《たすう》！
かすか
3丁目《ちょうめ》
目的《もくてき》はこれだな

目《め》に余《あま》る

意味 ①ひどくて、見過《みす》ごすことができない。②一目《ひとめ》で見《み》わたせないほどたくさんの。

使い方 ①**目《め》に余《あま》る**暴力《ぼうりょく》を見《み》て、一一〇番《ひゃくとおばん》に通報《つうほう》した。②**目《め》に余《あま》る**数《かず》のコスモスの花《はな》。

目《め》に余《あま》る散《ち》らかりようだな
はあ〜 みさえ…
あんたのせいだろうが！

目《め》の上《うえ》のたんこぶ

意味 （地位《ちい》や実力《じつりょく》が上《うえ》で）何《なに》かと目《め》ざわりな人《ひと》や物《もの》。「目《め》の上《うえ》にできたたんこぶはじゃまだから」

使い方 何《なん》でも先生《せんせい》に話《はな》す学級《がっきゅう》委員《いいん》は、**目《め》の上《うえ》のたんこぶ**だ。

女《おんな》の子《こ》にモテて勉強《べんきょう》もできる
ステキ
池面
IKE MEN
目《め》の上《うえ》のたんこぶのような男《おとこ》だ

目《め》の敵《かたき》にする

意味 会《あ》うたびにいじめたりにくんだりする。［敵《かたき》＝うらむ相手《あいて》］

使い方 ネネちゃんは、男子《だんし》がちやほやするあいちゃんを**目《め》の敵《かたき》にする**ことが多《おお》い。

なぜ私《わたし》を目《め》の敵《かたき》にするのよ
金持《かねも》ちがきらいだからよ

目《め》の黒《くろ》いうち

意味 生《い》きている間《あいだ》。［自分《じぶん》のことをいう場合《ばあい》が多《おお》い］

使い方 「ワシの**目《め》の黒《くろ》いうち**は店《みせ》をたたまないよ」と、老店主《ろうてんしゅ》は元気《げんき》に笑《わら》った。

類語 **目《め》の玉《たま》の黒《くろ》いうち**。

この虫《むし》ども！私《わたし》の目《め》の黒《くろ》いうちは勝手《かって》なことはさせないわよぉぉぉ！
ぶんっ
ぶんっ
ぶんっ
バキッ
どかッ
あんな大人《おとな》になっちゃだめだぞ
たい

目《め》をうばわれる

意味 見《み》とれる。

使い方 その桜《さくら》の美《うつく》しさに、みなが**目《め》をうばわれた**。

類語 **釘《くぎ》づけになる**。**目《め》を引《ひ》く**（35ページ）。

やーん そんなに見《み》ないでーん アタシの水着姿《みずぎすがた》に目《め》をうばわれちゃったのね！
あきれて※目《め》が点《てん》になったんだよ

※＝びっくりしてあきれる。［その様子《ようす》をえがく、まんがの目《め》の形《かたち》から］

目《め》をくらます

意味 ①ごまかす。②だましてかくれる。

使い方 ①母《はは》の**目《め》をくらまして**アイスを食《た》べた。②整形手術《せいけいしゅじゅつ》で警察《けいさつ》の**目《め》をくらまし**、逃《に》げつづけた。

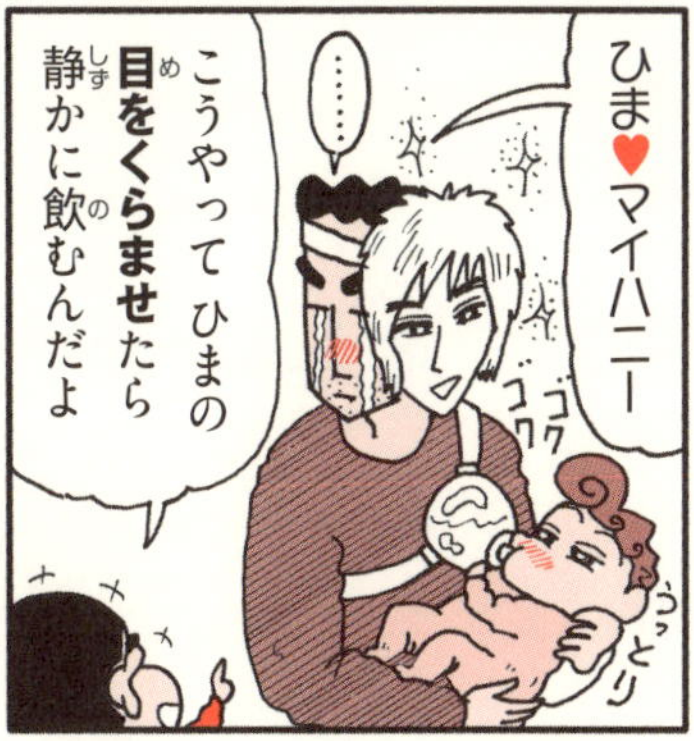
ひま♥マイハニー
……
ゴクゴク
うっとり
こうやって ひまの 目《め》をくらませたら 静《しず》かに飲《の》むんだよ

目《め》を白黒《しろくろ》させる

意味 ①おどろきあわてる。②苦《くる》しんで、目《め》をぐるぐる動《うご》かす。

使い方 ①とつぜんのデートのさそいに、兄《あに》は**目《め》を白黒《しろくろ》させた**。

類語 **目《め》を丸《まる》くする**（27ページ）。**あわを食《く》う**（49ページ）。

あが… ぶほっ…
つめこみすぎだよ
目《め》を白黒《しろくろ》させてまで食《た》べないの！

目《め》をぬすむ

意味 見《み》つからないように、こっそりやる。

使い方 カザマくんは、生《う》まれて初《はじ》めて親《おや》の**目《め》をぬすんで**、買《か》い食《ぐ》いをした。

類語 **目《め》をかすめる**。

♪
し〜っ
たい
こそこそ

とっておきメモ

目《め》に関係《かんけい》した慣用句《かんようく》ですわ

●目《め》が利《き》く＝**物《もの》の価値《かち》や、本物《ほんもの》とにせものを見極《みきわ》める力《ちから》がある。**↓古物商《こぶつしょう》という仕事《しごと》がら、おじさんはこっとう品《ひん》には目《め》が利《き》く。

類語 目《め》が肥《こ》える。目《め》が高《たか》い。

●目《め》がくらむ＝**ある人《ひと》や物《もの》に心《こころ》が迷《まよ》って正《ただ》しい判断《はんだん》ができなくなる。**↓しんちゃんはチョコビに目《め》がくらんで、おこづかいをすべて使《つか》ってしまった。

●目《め》が肥《こ》える＝**いろいろな物《もの》を見《み》て、良《よ》い悪《わる》いの区別《くべつ》がつけられる。**↓そんなインチキ商品《しょうひん》は、目《め》が肥《こ》えたお客《きゃく》さんには見向《みむ》きもされないよ。

類語 目《め》が利《き》く。目《め》が高《たか》い。

●目頭《めがしら》が熱《あつ》くなる＝**感動《かんどう》してなみだが出《で》そうになる。なみだが目《め》にうかぶ。**↓心温《こころあたた》まる母子《ははこ》の愛情《あいじょう》を描《えが》いた映画《えいが》を見《み》て、しんちゃんもみさえも目頭《めがしら》が熱《あつ》くなった。

類語 目頭《めがしら》を熱《あつ》くする。

●目《め》が高《たか》い（お目《め》が高《たか》い）＝**本当《ほんとう》に良《よ》い物《もの》がわかる。**↓あいちゃんは、お目《め》が高《たか》いね。この絵《え》の良《よ》さがわかるなんて。

類語 目《め》が利《き》く。目《め》が肥《こ》える。

●目《め》が飛《と》び出《で》る＝**値段《ねだん》が高《たか》くておどろく。**↓1本《ぽん》2000円《えん》!? 目《め》が飛《と》び出《で》るほど高《たか》い牛乳《ぎゅうにゅう》だなあ。

●目《め》に物見《ものみ》せる＝**はっきりわからせる。思《おも》い知《し》らせる。**↓「次《つぎ》の試《し》合《あい》では、目《め》に物見《ものみ》せてやるぞ」。負《ま》けたチームのキャプテンはそう言《い》って立《た》ち去《さ》った。

●目《め》のつけどころ＝**注目《ちゅうもく》するところ。着眼点《ちゃくがんてん》。**↓さすがに園長《えんちょう》先生《せんせい》は目《め》のつけどころがちがう。声《こえ》の調子《ちょうし》で園児《えんじ》の体《からだ》の具合《ぐあい》を見《み》ぬけるのだから。

●目鼻《めはな》が付《つ》く＝**おおよその見通《みとお》しが付《つ》く。**↓夏休《なつやす》みの自由研究《じゆうけんきゅう》のま

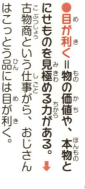

とめに、やっと目鼻《めはな》が付《つ》いた。

類語 目鼻《めはな》を付《つ》ける。目処《めど》を付《つ》ける。目星《めぼし》を付《つ》ける。

●目《め》も当《あ》てられない＝様子《ようす》がとてもひどくて、まともに見《み》ていられない。↓台風《たいふう》の次《つぎ》の日《ひ》の庭《にわ》は、物《もの》がたおれて散《ち》らばり、目《め》も当《あ》てられない有様《ありさま》だった。

類語 目《め》をおおう。

●目《め》を疑《うたが》う＝予想《よそう》していなかった人《ひと》や物事《ものごと》のなりゆきに、おどろく。↓まさか、北海道《ほっかいどう》の食堂《しょくどう》でネネちゃんに会《あ》うなんて。しんちゃんはわが目《め》を疑《うたが》った。

●目《め》を配《くば》る＝あちこちに注意《ちゅうい》する。↓ようち園《えん》の先生《せんせい》は、園児《えんじ》がけがをしないように、いつも目《め》を配《くば》っている。

●目《め》をこらす＝確《たし》かめるためにじっと見《み》つめる。↓鏡《かがみ》の中《なか》の自分《じぶん》の顔《かお》に目《め》をこらしてみて。左目《ひだりめ》と右《みぎ》目《め》は、ちがう形《かたち》をしていない？

●目《め》を通《とお》す＝（本《ほん》や書類《しょるい》を）おおまかに読《よ》む。↓図書室《としょしつ》で目次《もくじ》に目《め》を通《とお》してから、本《ほん》を借《か》りた。

●目《め》をはなす＝視線《しせん》を別《べつ》のところに移《うつ》す。↓ふっと目《め》をはなしたすきに、ペットの犬《いぬ》が道《みち》に飛《と》び出《だ》してしまった。

類語 目《め》をそらす。

●目《め》を引《ひ》く＝まわりの人《ひと》の注意《ちゅうい》を引《ひ》きつける。↓中《なか》でも目《め》を引《ひ》いたのは、バレリーナのかっこうで町《まち》を歩《ある》くしんちゃんだった。

類語 人目《ひとめ》を引《ひ》く。

鼻《はな》が高《たか》い

意味 自慢《じまん》できて、うれしい。ほこらしい。

使い方 勉強《べんきょう》ができて、スポーツも万能《ばんのう》。しんちゃんがそんな小学生《しょうがくせい》になってくれたら、みさえも**鼻《はな》が高《たか》い**んだろうが……。

類語 **鼻《はな》を高《たか》くする**。

鼻《はな》が高《たか》いと天狗《てんぐ》になるの？

「天狗《てんぐ》になる」という慣用句《かんようく》は、「自分《じぶん》の能力《のうりょく》を自慢《じまん》し、上《うえ》から目線《めせん》で人《ひと》に接《せっ》する様子《ようす》」を表《あらわ》しているよ。

この言葉《ことば》や37～39ページの慣用句《かんようく》を見《み》てもわかるように、「鼻《はな》」を含《ふく》む慣用句《かんようく》は「自慢《じまん》」と関連《かんれん》した言葉《ことば》が多《おお》いよ。

たくさん ほめて 毎日《まいにち》 お手伝《てつだ》い させちゃお
台《だい》にのってる
あら きれいに 洗《あら》えたわね しんちゃん スゴーイ
てれ
よっ 職人《しょくにん》ワザ もはや芸術品《げいじゅつひん》ね ママも鼻《はな》が高《たか》いわ！
きりりっ
てやん でい
アチチ…
料理《りょうり》をお皿《さら》に盛《も》らせてよ～
ガルルル
オラの ゲージツに さわらない ように！

鼻《はな》にかける

意味 自慢《じまん》して得意《とくい》げにふるまう。

使い方 田所《たどころ》くんに言《い》ったんだ。「自分《じぶん》の成績《せいせき》がいいからって、それを**鼻《はな》にかけて**えらそうにしていると、友《とも》だちをなくすよ」って。

ポイント 不快《ふかい》な場合《ばあい》に使《つか》う。

類語 **お高《たか》くとまる。**

参考 「～ない」という否定《ひてい》の形《かたち》でも使《つか》う。⬇彼《かれ》はイケメンぶりを少《すこ》しも**鼻《はな》にかけない**から、ますます女《おんな》の子《こ》にもてるんだ。

あなたもペラペラ
英会話《えいかいわ》のナイス
英語《えいご》を身《み》につけて世界《せかい》に通用《つうよう》する人《ひと》になってほしいわ
オラ 埼玉《さいたま》で通用《つうよう》すればいいんだけど
あーら 野原《のはら》さん おたくも英会話《えいかいわ》を？
よぉ庶民《しょみん》
ああら 宇集院《うじゅういん》さん
よぉ
やなヤツに会《あ》っちゃった
年収《ねんしゅう》3億《おく》のタクは毎年《まいとし》ハワイの別荘《べっそう》に行《い》きますし英語《えいご》くらいはねぇ
ホホホホ
金持《かねも》ちを**鼻《はな》にかけ**やがって
ハワイならオラ英語話《えいごはな》せなくても通用《つうよう》するよ
アロハオエ～
※オオ！アロハオエ～
スゲエ

※＝ハワイの有名《ゆうめい》な歌《うた》。おどりとともに歌《うた》われることが多《おお》い。

鼻《はな》を明《あ》かす

意味 見返《みかえ》す。相手《あいて》をあっと言《い》わせる。

使い方 しんちゃんは、みさえとひろしの**鼻《はな》を明《あ》かし**たくて、目玉焼《めだまや》きづくりに挑戦《ちょうせん》した。

類語 **あっと言《い》わせる。**
ひとあわふかせる。
目《め》に物見《ものみ》せる（34ページ）。
吠《ほ》え面《づら》をかかせる。

お木登《きのぼ》りかなつかしいなあ
父《とう》ちゃーん ここまで来《こ》られる？
子《こ》どものころのあだ名《な》はサルだぞ
もっと登《のぼ》ってしんのすけの**鼻《はな》を明《あ》かして**やるぜ
木登《きのぼ》り中《ちゅう》 こわくなって下《お》りられなくなった男性《だんせい》1名《めい》 救助《きゅうじょ》お願《ねが》いします
父《とう》ちゃんふるえてるの？

鼻《はな》であしらう

意味 いいかげんにあつかう。ばかにする。［あしらう＝応対《おうたい》する］

使い方 勇気《ゆうき》を出《だ》して告白《こくはく》したのに、**鼻《はな》であしらわれた**ので、大《だい》きらいになった。

ヘイ彼女《かのじょ》 オラと愛《あい》のシーソーしない？
フンっ けっこうよ
かる～く**鼻《はな》であしらわれて**も平気《へいき》なんだからすごいよな

鼻《はな》に付《つ》く

意味 ①においが不快《ふかい》である。②うっとうしくていやだ。

使い方 ①このにおいは**鼻《はな》に付《つ》く**ね。②あのキザな話《はな》し方《かた》が**鼻《はな》に付《つ》く**んだよな。

類語 **鼻持《はなも》ちならない**。

たいしたことないけど一応《いちおう》社長《しゃちょう》です
きみはこのバラより美《うつく》しい！
キザな話《はな》し方《かた》が**鼻《はな》に付《つ》く**のよねー！
ボクたちは出会《であ》う運命《うんめい》だったんだね

鼻持《はなも》ちならない

意味 いやみで不快《ふかい》な。［鼻持《はなも》ち＝くささをがまんすること］

使い方 外見《がいけん》は美《うつく》しいが、自分《じぶん》勝手《かって》な彼女《かのじょ》に、**鼻持《はなも》ちならない**印象《いんしょう》を受《う》けた。

類語 **鼻《はな》に付《つ》く**。

あいちゃ～ん
あいちゃんのどかわかない？
庶民《しょみん》の生活《せいかつ》にもあきましたわん
鼻持《はなも》ちならないヤな女《おんな》
チッ

ほおが落《お》ちる

意味 とてもおいしいと伝《つた》えるたとえ。

使い方 このケーキはおいしくて**ほおが落《お》ち**そうだ。

類語 **ほっぺたが落《お》ちるほど。あごが落《お》ちる。**

この慣用句《かんようく》も覚《おぼ》えよう

- 人手《ひとで》に落《お》ちる＝他人《たにん》の所有《しょゆう》する物《もの》になる。
- 語《かた》るに落《お》ちる＝自分《じぶん》から語《かた》る（話《はな》す）と、うっかりしゃべる。
- 猿《さる》も木《き》から落《お》ちる＝名人《めいじん》も失敗《しっぱい》することがあるというたとえ。
- 飛《と》ぶ鳥《とり》を落《お》とす勢《いきお》い＝人気《にんき》や勢《いきお》いがとてもあるたとえ。

ななこさんのつくったカレー **ほおが落《お》ちる**くらいおいしいです
もぐもぐ
ほんと？うれしい
ボク このカレー毎日《まいにち》食《た》べたいな♥
あら それってプロポーズ？
ナニ!?
私《わたし》も毎日《まいにち》しんちゃんにつくってあげたいな♥
ぶーっ
こらーっ 何《なに》するんだ ああーっ！
ガタッ
ドタ
ドタッ
あらやだ しんちゃん 気絶《きぜつ》してる！

寝耳《ねみみ》に水《みず》

意味 予想《よそう》していなかったことを知《し》らされて、びっくりしたたとえ。

使い方 「ひろしが部長《ぶちょう》になる？」。そんな話《はなし》は**寝耳《ねみみ》に水《みず》**だったので、野原家《のはらけ》は大《おお》さわぎになった。

類語 **初耳《はつみみ》**。

水《みず》が入《はい》ってきてびっくり！

ぐっすり寝《ね》ているときに、耳元《みみもと》に水《みず》が流《なが》れていたら、びっくりするよね。「寝耳《ねみみ》に水《みず》」は、そのような状態《じょうたい》をもとにできた言葉《ことば》という説《せつ》と、本当《ほんとう》に耳《みみ》に水《みず》が入《はい》ってきてびっくりした出来事《できごと》からできたという説《せつ》がある。きみなら、どっちがびっくりする？

早《はや》く食《た》べないと今日《きょう》もようち園《えん》遅刻《ちこく》よ
ずずー
もさもさ
今日《きょう》ようち園《えん》お休《やす》みだよ
シェーッ
ガーン
そんな話《はなし》寝耳《ねみみ》に水《みず》よ
ちぇっ 今日《きょう》はスペシャルバーゲンに行《い》こうと思《おも》っていたのに
なんでお休《やす》みなのよ
もそもそ
今日《きょう》は先生方《せんせいがた》がワケあって全員《ぜんいん》お休《やす》みなんだ
くっ 先《さき》を越《こ》されたか
バーゲン

耳《みみ》にたこができる

意味 同《おな》じことを、いやというほど聞《き》かされる様子《ようす》。

使い方 「おとなしくしていなさい」このセリフをしんちゃんは毎日《まいにち》、みさえから**耳《みみ》にたこができる**ほど聞《き》かされている。

たこができるって?

この「たこ」は、バットの素《す》ぶりや歩《ある》きすぎで手《て》のひらや足《あし》の裏《うら》にできるたこ。皮《ひ》ふをくりかえし刺激《しげき》することでできるたこ（胼胝《たこ》）を指《さ》すのよ。海《うみ》を泳《およ》ぐタコとかんちがいしないでね。

ちらかしちゃだめよ!
は〜い
ほらまたちらかして片付《かたづ》けなさい
うへ〜い
片付《かたづ》けなさいってば
毎日《まいにち》同《おな》じこと言《い》われて耳《みみ》にたこができるゾ
これでもう何《なに》も聞《き》こえないもんねー
ぎゅぎゅっ
ほー

耳《みみ》をそろえる

意味 お金《かね》を全額《ぜんがく》きっちり用意《ようい》する。

使い方 支払《しはら》いが遅《おく》れている残《のこ》りの百万円《ひゃくまんえん》、**耳《みみ》をそろえて**返《かえ》してください。

参考 「返《かえ》す」「はらう」などを後《うし》ろにつけることが多《おお》い。

耳《みみ》は小判《こばん》などのふち（へり）

「耳《みみ》をそろえる」の耳《みみ》は、もともと小判《こばん》など昔《むかし》の硬貨《こうか》のふち（へり）を指《さ》していた。トントンとへり（耳《みみ》）をそろえると、数《かぞ》えやすくなるでしょう？　現代《げんだい》では、食《しょく》パンや紙《かみ》のふちも耳《みみ》という。耳《みみ》には、ふちやへりという意味《いみ》があるんだ。覚《おぼ》えておこう！

ピンポーン！
だーれ？
しんのすけくん園長先生《えんちょうせんせい》です家庭訪問《かていほうもん》に来《き》ました
開《あ》けてほしかったらこわーい借金《しゃっきん》取《と》りのマネをして
え？ここで？
ようち園《えん》でときどきやっている
今日《きょう》こそ一千万《いっせんまん》耳《みみ》をそろえて返《かえ》してもらうで～
まあ大変《たいへん》！警察《けいさつ》に
コワイ人《ひと》じゃありませんてば！
ざわ
ざわ
ほんとに園長先生《えんちょうせんせい》ですか…？
おお本物《ほんもの》だゾ

耳《みみ》が痛《いた》い

意味 欠点《けってん》や短所《たんしょ》を指摘《してき》されてつらい。

使い方 **耳《みみ》が痛《いた》い**でしょうが、よく聞《き》いて。そのドレスを着《き》たいのなら、ダイエットしなきゃ。

シーソーにならないぞ
ハハハ…
ほっとけ
ずし…
みさえには耳《みみ》が痛《いた》いセリフだな

耳《みみ》が早《はや》い

意味 (うわさやニュースを)聞《き》きつけるのが早《はや》い。

使い方 ネネちゃんは、**耳《みみ》が早《はや》い**。しんちゃんの今日《きょう》の朝食《ちょうしょく》のメニューを知《し》っているんだから。

のぞきはよくないぞ
のぞきじゃなくて立《た》ち聞《ぎ》きよ
だからネネちゃん耳《みみ》が早《はや》いのね

耳《みみ》を貸《か》す

意味 ①人《ひと》の言《い》うことを聞《き》く。②相談《そうだん》に乗《の》る。

使い方 ①わがままな彼女《かのじょ》は、友《とも》だちの忠告《ちゅうこく》に**耳《みみ》を貸《か》そう**としない。

類語 **耳《みみ》をかたむける**。

ちょっと相談《そうだん》があるんだけど耳《みみ》を貸《か》してよ
いいけど洗《あら》って返《かえ》してね
わくわく
……

とっておきメモ

●**ほおをふくらます**＝**不平《ふへい》や不満《ふまん》を顔《かお》に表《あらわ》す。**↓「明日《あした》までに算数《さんすう》のプリント10枚《まい》なんて、できるはずないよ」と、夏休《なつやす》みの最後《さいご》の日《ひ》に、兄《あに》はほおをふくらました。

●**聞《き》き耳《みみ》を立《た》てる**＝**（こそこそ話《ばなし》や物音《ものおと》の）聞《き》き取《と》りに集中《しゅうちゅう》する。**↓しんちゃんは、みさえとひろしの内緒話《ないしょばなし》に聞《き》き耳《みみ》を立《た》てた。

類語 耳《みみ》をそばだてる。

ほおと耳《みみ》に関係《かんけい》した慣用句《かんようく》だよ

●**耳《みみ》に入《い》れる**＝**①聞《き》いて心《こころ》にとどめる。**↓ひろしは、「左《ひだり》に曲《ま》がって」と言《い》うみさえのアドバイスを耳《みみ》に入《い》れずに、車《くるま》を右折《うせつ》させた。
②情報《じょうほう》やニュースを伝《つた》える。↓まつざか先生《せんせい》の恋人《こいびと》のニュースは、念《ねん》のため園長先生《えんちょうせんせい》の耳《みみ》に入《い》れておいた。

●**耳《みみ》に付《つ》く**＝**音《おと》が耳《みみ》に残《のこ》り、忘《わす》れられない。**［忘《わす》れられず、不愉快《ふゆかい》な場合《ばあい》に使《つか》うことが多《おお》い］↓テレビでくりかえし流《なが》されるサスペンス映画《えいが》のコマーシャルの音楽《おんがく》が、耳《みみ》に付《つ》いてはなれない。

●**耳《みみ》にはさむ**＝**たまたま聞《き》く。**↓みさえの高校時代《こうこうじだい》の失敗《しっぱい》を耳《みみ》にはさんだしんちゃんは、弱点《じゃくてん》をつかんだようにニヤリと笑《わら》った。

類語 小耳《こみみ》にはさむ。

●**耳《みみ》を疑《うたが》う**＝**（予想《よそう》しなかったことを聞《き》き）聞《き》きまちがいかと思《おも》う。**↓「えっ、私《わたし》がテレビに出演《しゅつえん》？」。突然《とつぜん》の話《はなし》に、みさえは自分《じぶん》の耳《みみ》を疑《うたが》った。

●**耳《みみ》をふさぐ**＝**無理《むり》やり聞《き》かないようにする。**↓悲《かな》しい事件《じけん》や事故《じこ》のニュースが続《つづ》くと、テレビやラジオの音声《おんせい》に耳《みみ》をふさぎたくなる。

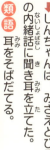

味《あじ》をしめる

意味 （前回《ぜんかい》もうけたり楽《たの》しんだりしたうま味《み》が忘《わす》れられず）次回《じかい》もうまくいくだろうと期待《きたい》する。

使い方 朝《あさ》のジョギングで、マサオくんは五十円玉《ごじゅうえんだま》を拾《ひろ》った。これに**味《あじ》をしめた**マサオくんはその後《ご》、毎朝《まいあさ》、ジョギングをするようになった。

ポイント 味《あじ》には「商売《しょうばい》のうま味《み》」「演劇《えんげき》や映画《えいが》のおもしろ味《み》」などの意味《いみ》もある。

類語 **気《き》をよくする。**
二匹目《にひきめ》のどじょうをねらう。

そぉ〜〜
ドキドキ
つーん
くらっ…
ささーっ
ふうーっ
ドキドキ
ひろしのぬぎたて
ドキドキする感覚《かんかく》に味《あじ》をしめたのかな
なぜあんな遊《あそ》び覚《おぼ》えたの？

口《くち》が軽《かる》い

意味 秘密《ひみつ》を話《はな》す。おしゃべりである。

使い方 これをネネちゃんにしゃべってはいけないよ。ネネちゃんは**口《くち》が軽《かる》い**からね。

反対語 **口《くち》がかたい**（54ページ）。**口《くち》が重《おも》い**（54ページ）。

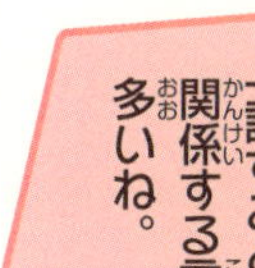
口《くち》を含《ふく》む慣用句《かんようく》は「話《はな》すこと」に関係《かんけい》する言葉《ことば》が多《おお》いね。

よしなが先生《せんせい》赤《あか》ちゃんができたの？
一番《いちばん》知《し》られたくない子《こ》に知《し》られちゃった
だいじょうぶ！オラは口《くち》がかたいから
本当《ほんとう》かな～？
ところでしんちゃんのママ最近太《さいきんふと》った？
そぉなのよぉ3キロ太《ふと》ってジーンズはきつきつだしブラウスもパッツンでそのうえ…
べらべらべら
めちゃくちゃ**口《くち》が軽《かる》い**じゃない

口《くち》が減《へ》らない

意味 へりくつを言《い》い返《かえ》す。

使い方 「ああ言《い》えば、こう言《い》う。しんちゃんはまったく**口《くち》が減《へ》らない**子《こ》よね」

「みさえ～。それ、どういう意《い》味《み》？　オラには口《くち》が一《ひと》つしかないゾ」

類語 **減《へ》らず口《ぐち》をたたく**。

参考 **口《くち》をつぐむ**＝話《はな》すのをやめる。⬇その殺人現場《さつじんげんば》で何《なに》があったのか。容疑者《ようぎしゃ》は何《なに》かを言《い》いかけたが、あわてて口《くち》をつぐんだ。

しんのすけ おふろわいたわよ
それはよかったですな
わいたから入《はい》れっつの
こないだ入《はい》ったからいい
毎日《まいにち》入《はい》るもんでしょ
いやいやお気《き》づかいなく
あんたもう10日《とおか》もおふろ入《はい》ってないのよ！
失礼《しつれい》な！10日《とおか》じゃないもん11日《にち》だもん
まったく口《くち》が減《へ》らないんだから！とっとと服脱《ふくぬ》げ！
いや～ん けだものぉぉ
ぬがせ
ぬがせ

あわを食《く》う

意味 おどろきあわてる。［あわは、あわてるの「あわ」に由《ゆ》来《らい》する。漢字《かんじ》は「泡《あわ》」と書《か》く］

使い方 **あわを食《く》って、**何《なに》をしたらよいかわからなくなった。

類語 **目《め》を白黒《しろくろ》させる。**

うわあぁん
あわを食《く》って どうした
ガッ ガッ
あせ あせ
ななこちゃんと デートなのに ねぼうしたのよ

一杯《いっぱい》食《く》わされる

意味 うまくだまされる。たくらみにひっかかる。

使い方 あの笑顔《えがお》で、うそを言《い》っていたなんて。まんまと**一杯《いっぱい》食《く》わされた**わ。

類語 **一杯《いっぱい》食《く》う。**

よくお似合《にあ》いで かわいらしいわ きっと園児《えんじ》にも 大人気《だいにんき》ですわよ
ぴょん ぴょん
一杯《いっぱい》 食《く》わされた 気《き》がする…
ぎょっ

かたずをのむ

意味 （ことの成《な》り行《ゆ》きを）緊《きん》張《ちょう》して見守《みまも》る。［緊張《きんちょう》のあまり、つば（固唾《かたず》）を口《くち》の外《そと》に出《だ》さずにのみこむ様子《ようす》から］

使い方 **かたずをのんで、**映画《えいが》のラストシーンに見入《みい》った。

すごいこと 聞《き》いちゃった
実《じつ》はね…
かたずを のんで 聞《き》く
ごくり
まつざか先生《せんせい》の体重《たいじゅう》とか？

口《くち》がすっぱくなるほど

意味 注意《ちゅうい》や警告《けいこく》を何度《なんど》もくりかえす様子《ようす》。［相手《あいて》が注意《ちゅうい》や警《けい》告《こく》に従《したが》わない場合《ばあい》に使《つか》う］

使い方 帰宅《きたく》したら手《て》を洗《あら》いなさいって、いつも**口《くち》がすっぱくなるほど**言《い》っているでしょ。

ケツだけ星人《せいじん》は
ダメといつも
口《くち》がすっぱくなるほど言《い》ってるでしょ！
や
ぷり
ぷり
ぷり
ヤレヤレ…

口《くち》がすべる

意味 言《い》ってはいけないことをうっかり話《はな》してしまう。

使い方 うっかり**口《くち》がすべって**、まつざか先生《せんせい》の体重《たいじゅう》をみんなにもらしてしまったよ。

類語 **舌《した》がすべる**。

今日《きょう》の朝礼《ちょうれい》はまず
オナラ大王《だいおう》…
おっと**口《くち》がすべった**
園長先生《えんちょうせんせい》のお話《はなし》です
く…
夫婦《ふうふ》げんかしたのね

コミックスで発見《はっけん》！

口《くち》がすべったときは「しまった」

『クレヨンしんちゃん』48巻《かん》・55ページより

付《つ》くわけないでしょ
ソファーでねてたんだから
やっぱねてたんだ
いそがしくないんだ
しまった…

口《くち》がすべったとき、思《おも》わず言《い》ってしまうのが「しまった」というセリフ。きみにも思《おも》いあたることはないかな？

正直《しょうじき》だから、つい
口《くち》がすべるのよ

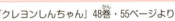

口車《くちぐるま》に乗《の》る

意味 言葉《ことば》たくみなうそにだまされる。

使い方 セールスマンの**口車《くちぐるま》に乗《の》って**、予算《よさん》オーバーの健康器《けんこうき》具《ぐ》を買《か》ってしまった。

類語 **口《くち》がうまい**（54ページ）。

そこのきれいな女子大生《じょしだいせい》のおじょうさん これを食《た》べたらお肌《はだ》ツルツルよ
チャオ
口車《くちぐるま》に乗《の》って つい買《か》ってしまった…

口《くち》に合《あ》う

意味 食《た》べ物《もの》や飲《の》み物《もの》が、好《この》みの味《あじ》である。［「お口《くち》に合《あ》う」で使《つか》うことが多《おお》い］

使い方 これ、田舎《いなか》のお土産《みやげ》です。**お口《くち》に合《あ》えば**、めし上《あ》がってください。

私《わたし》の手料理《てりょうり》がお口《くち》に合《あ》いますかどうか
く…
ハハハ…
おなかのお薬《くすり》もありますよ

くちびるをかむ

意味 くやしさ、いかりをぐっとがまんする。

使い方 後一歩《あといっぽ》のところで優勝《ゆうしょう》を逃《のが》したチームの面々《めんめん》は、**くちびるをかんで**球場《きゅうじょう》を後《あと》にした。

類語 **涙《なみだ》をのむ**（29ページ）。

すや〜
わなわな…
オラだってななこちゃんにそいねしてもらいたい〜!

口《くち》をとがらす

意味 ①不満《ふまん》を表情《ひょうじょう》に表《あらわ》す。②言《い》い争《あらそ》う様子《ようす》のたとえ。

使い方 ①「これ、買《か》って」「またね」しんちゃんは不満《ふまん》げに**口《くち》をとがらせた**。②たがいに**口《くち》をとがらせて**言《い》い争《あらそ》った。

毎日毎日《まいにちまいにち》 早《はや》くしろって… オラ時間《じかん》にしばられたくないよ…
チェッ
口《くち》をとがらせて言《い》うセリフか！ この24時間《じかん》フリータイムこぞうが！

口《くち》をにごす

意味 肝心《かんじん》なことをあいまいにごまかして返事《へんじ》する。

使い方 「このピンクの名刺《めいし》は何《なに》？」「寝《ね》よっかな……」と、ひろしは**口《くち》をにごした**。

類語 **言葉《ことば》をにごす**。

おーい カザマくーん
わっ ウンコが近《ちか》づいて来《く》る！
あ
そそそそ
あの下品《げひん》な子《こ》 カザマくんの友《とも》だちなの？
いや あの その…

口《くち》をはさむ

意味 他人《たにん》の会話《かいわ》に割《わ》りこむ。

使い方 「だから」「答《こた》えになってない」「まあ、まあ」「横《よこ》から**口《くち》をはさま**ないで！」

類語 **口《くち》を出《だ》す**。

オレが病気《びょうき》？ このヤブ医者《いしゃ》め！
なんだとこのヘボ職人《しょくにん》！
ヤブとヘボならいい勝負《しょうぶ》だね!?
口《くち》をはさむな！

口《くち》を割《わ》る

意味 白状《はくじょう》する。かくしていたことを話《はな》す。

使い方 「ぼくがやりました」殺人事件《さつじんじけん》の容疑者《ようぎしゃ》がついに**口《くち》を割《わ》った**。

類語 **泥《どろ》をはく**。

香水《こうすい》のニオイプンプンさせて！どこ行《い》ってきたの？
仕事《しごと》だよ女《おんな》の子《こ》のいるお店《みせ》で接待《せったい》だよ～
あんがい簡単《かんたん》に**口《くち》を割《わ》った**な

声《こえ》をのむ

意味 ①言《い》いかけてやめる。②おどろいて声《こえ》が出《で》なくなる。

使い方 ①激《はげ》しくおこるお母《かあ》さんのさまに、思《おも》わず**声《こえ》をのんだ**。②目《め》の前《まえ》で起《お》きた交通事故《こうつうじこ》に、思《おも》わず**声《こえ》をのんだ**。

まずここに※ぼ印《いん》おして
あおムネ出《だ》して＊**ボインだぞぉ**って言《い》うのはサイテーだからやめてね
……
こんいんとどけ
台本《だいほん》

※＝はんこの代《か》わりに親指《おやゆび》で押《お》す印《いん》。
＊＝大《おお》きなおっぱい。

つばをつける

意味 （他人《たにん》にとられないように）先《さき》に関係《かんけい》をつくる。［「先《さき》に～」と使《つか》われることが多《おお》い］

使い方 このカード、ほしいなあ。先《さき》に**つばをつけて**おきたいなあ。

これオラの！
それはお客《きゃく》さんのよ！
つばをつーけよ！

とっておきメモ

●**口裏《くちうら》を合《あ》わせる**＝**話《はなし》の内容《ないよう》が合《あ》うように前《まえ》もって打《う》ち合《あ》わせる。**↓「会議《かいぎ》で遅《おそ》くなったと証言《しょうげん》してくれ」とひろしは部下《ぶか》と口裏《くちうら》を合《あ》わせ、みさえに電話《でんわ》した。

●**口《くち》がうまい**＝①**話《はなし》がうまい。**↓彼《かれ》は口《くち》がうまくて楽《たの》しい。②**口先《くちさき》でごまかすのがうまい。**↓コレ、口《くち》がうまい店員《てんいん》につい買《か》わされてしまったんだ。

若《わか》くてお美《うつく》しい奥様《おくさま》にはコチラを！
まあお上手《じょうず》

口《くち》に関係《かんけい》した慣用句《かんようく》ですわ

●**口《くち》が重《おも》い**＝**あまりしゃべらない。**↓ふだんは口《くち》が重《おも》いボーちゃんが、石《いし》の話題《わだい》になると、とてもよくしゃべる。

●**口《くち》がかたい**＝**秘密《ひみつ》にしたことは言《い》わない。**↓「私《わたし》は口《くち》がかたいから話《はな》して」。口《くち》が軽《かる》いネネちゃんにそんなこと言《い》われても、だれも話《はな》さないよ。

反対語 口《くち》が軽《かる》い（47ページ）。

●**口《くち》が悪《わる》い**＝**人《ひと》にきらわれることをずけずけと言《い》う。**↓親方《おやかた》は口《くち》が悪《わる》いが、悪気《わるぎ》はないんだ。ゆるしてやってよ。

●**口《くち》をそろえる**＝**多《おお》くの人《ひと》が同《おな》じ意見《いけん》を言《い》う。**↓「園長先生《えんちょうせんせい》はやさしいです」。園児《えんじ》はみな、口《くち》をそろえてうなずいた。

類語 声《こえ》をそろえる。

●**口《くち》を出《だ》す**＝「口《くち》をはさむ」（52ページ）に同《おな》じ。

●**口《くち》をぬぐう**＝**自分《じぶん》の悪事《あくじ》をとぼける。**［ぬすみ食《ぐ》いの後《あと》、口《くち》についた食《た》べ物《もの》をぬぐって知《し》らんぷりをする行為《こうい》から］↓運転《うんてん》する車《くるま》が歩行者《ほこうしゃ》にケガをさせたのに、そのドライバーは口《くち》をぬぐって知《し》らん顔《かお》をしていた。

歯《は》が立《た》たない

意味 ①強《つよ》すぎて、かなわない。②難《むずか》しすぎて、できない。

使い方 ①10連勝中《れんしょうちゅう》のあのプロレスラーの腕力《わんりょく》と技術《ぎじゅつ》には、だれも**歯《は》が立《た》たない**。②この計算問題《けいさんもんだい》は難《むずか》しすぎる。とても**歯《は》が立《た》たない**よ。

由来 かたくて歯《は》ではかみくだけない様子《ようす》から。

類語 **足元《あしもと》にもおよばない。およびもつかない。太刀打《たちう》ちできない**＝張《は》り合《あ》っても勝負《しょうぶ》にならない。「太刀打《たちう》ち＝大《おお》きな刀《かたな》で戦《たたか》う様子《ようす》」

母《かあ》ちゃん オラに おこづかい くれないと お手伝《てつだ》い しないぞ！
おこずかい ください
たたかうゾ
いつも しとらん がな
おこづかい くれないと 遊《あそ》んで やんないぞ！
ハイハイ ずーっと やってて いいよ
うーん 歯《は》が立《た》たない
こう なったら
おこづかいくれないと おしっこしないぞーっ
元祖《がんそ》 おバカが

奥歯《おくば》に物《もの》がはさまった

意味 はっきりとしない様子《ようす》。

使い方 何《なに》、その**奥歯《おくば》に物《もの》がはさまった**ような返事《へんじ》は？ きらい？ 好《す》き？ はっきりして。

類語 **持《も》って回《まわ》った。**

砂《すな》をかむよう

意味 ①食《た》べ物《もの》が味気《あじけ》ない。②つまらない。

使い方 ①カゼのときの食事《しょくじ》は**砂《すな》をかむよう**に味気《あじけ》ない。②**砂《すな》をかむよう**な毎日《まいにち》に疲《つか》れた。

類語 **味《あじ》もそっけもない。**

歯《は》が浮《う》くような

意味 うわついた様子《ようす》。きざな様子《ようす》。

使い方 あんな**歯《は》が浮《う》くような**おせじを信《しん》じちゃ、だめよ。

ポイント 後《うし》ろに「セリフ」「おせじ」をつけることが多《おお》い。

歯切《はぎ》れがいい

意味 ①内容《ないよう》が明快《めいかい》である。②言《い》い方《かた》がはっきりしている。

使い方 ①先生《せんせい》の説明《せつめい》は**歯切《はぎ》れがいい**ので、わかりやすい。

反対語 **歯切《はぎ》れが悪《わる》い**。

もう少《すこ》し **歯切《はぎ》れがいい** 話《はな》し方《かた》は できないの?
てゆうかあ アッコはぁ みさえ センパイのぉ 弟子《でし》だしぃ

歯《は》に衣着《きぬき》せぬ

意味 思《おも》ったことをえんりょせずに言《い》う。

使い方 人気芸人《にんきげいにん》の**歯《は》に衣着《きぬき》せぬ**物言《ものい》いに、お笑《わら》いライブの観客《かんきゃく》は大喜《おおよろこ》びだ。

しんさま あいとデートして
オラ 子《こ》どもには きょうみ ありません
きっぱり
じゃ
歯《は》に衣着《きぬき》せぬお言葉《ことば》 ますますステキですわん

歯《は》を食《く》いしばる

意味 (苦《くる》しさ、くやしさ、いかりなどを)たえてがまんする。

使い方 くじいた足《あし》の痛《いた》みにたえながら、**歯《は》を食《く》いしばって**最後《さいご》まで走《はし》りぬいた。

歯《は》を食《く》いしばって つらそうだゾ
ずし…
だったら 出《で》て くれよ
あらそ

舌《した》つづみを打《う》つ

意味 おいしい物《もの》を口《くち》にした満《まん》足感《ぞくかん》を表《あらわ》すたとえ。

使い方 秋《あき》の東北《とうほく》の豊《ゆた》かな海《うみ》の幸《さち》と山《やま》の幸《さち》に、野原家《のはらけ》のみんなは大《おお》いに**舌《した》つづみを打《う》った**。

ポイント 「舌《した》づつみを打《う》つ」はまちがいだが、広《ひろ》く使《つか》われている。

類語 **舌《した》つづみを鳴《な》らす**。**舌《した》を鳴《な》らす**。

おっ 今日《きょう》は豪勢《ごうせい》だな
ホホホ
ふんぱつしたのよ
うまい！ 思《おも》わず舌《した》つづみを打《う》っちゃうよ
いよぉ〜
ポン
本当《ほんとう》に打《う》たなくても
オラも
ポン
たーい
ポン
あらあら
じゃあ私《わたし》も打《う》っちゃおう
ポン
ポポ
ポン
野原《のはら》さんちはいつもにぎやかだねえ

ごちそうのときの習慣《しゅうかん》

「舌《した》つづみ」は、舌《した》を口《くち》の中《なか》で打《う》ち鳴《な》らしたタンという音《おと》のこと。これが鼓《つづみ》（楽器《がっき》）の音《おと》と似《に》ていることに関係《かんけい》している。

日本《にっぽん》では古《ふる》くから、ごちそうを食《た》べたときに舌《した》つづみを鳴《な》らす習《しゅう》慣《かん》があった。その習慣《しゅうかん》から生《う》まれた慣用句《かんようく》なんだ。

舌《した》を巻《ま》く

意味 すばらしい作品《さくひん》や能力《のうりょく》にとてもおどろき、感心《かんしん》する。

使い方 石《いし》を使《つか》ったこのアート作品《さくひん》をわずか二日《ふつか》でつくってしまったなんて。ボーちゃんの芸《げい》術家《じゅつか》としての才能《さいのう》には、**舌《した》を巻《ま》く**ほかないよ。

由来 昔《むかし》の中国《ちゅうごく》で、相手《あいて》に圧倒《あっとう》されて言葉《ことば》が出《で》ないさまを、舌《した》を口《くち》の奥《おく》に丸《まる》める（巻《ま》く）という言葉《ことば》で表《あらわ》したのが、はじまりとされる。

類語 **脱帽《だつぼう》する**＝敬意《けいい》を表《あらわ》す。［帽子《ぼうし》を脱《ぬ》ぐ動作《どうさ》から］
一目置《いちもくお》く（28ページ）。

あごで使《つか》う

意味 いばった態度《たいど》で人《ひと》に命令《めいれい》してやらせる。

使い方 6年生《ねんせい》の田中《たなか》くんはいつも「あれ、とってこい。これ、やれ」と、下級生《かきゅうせい》を**あごで使《つか》う**から、きらいだ。

由来 あごをしゃくる（あごを前《まえ》に出《だ》す）だけで、人《ひと》にやらせる態度《たいど》から。

類語 **あごで指図《さしず》する。**

参考 **あご足付《あしつ》き**＝食費《しょくひ》・宿泊費《しゅくはくひ》（あご↑食《た》べる）と交通費《こうつうひ》（足《あし》↑移動《いどう》する）が用意《ようい》されること。

ラブラブ光線《こうせん》よ しゃららら～ん
かくれ コスプレイヤー
ガ～～ン
ふかづめ 竜子《りゅうこ》には そーゆー シュミが…
ててめー いつの間《ま》に…
たのむ～! このことは だれにも 言《い》わないで くれ～!
このとーりっ
じゃ その かわりにね…
おかし 食《た》べさせて～
はい
肩《かた》もんで
はい
あ～ん
リーダーを あごで 使《つか》ってる…
何《なに》があったの?

あごを出《だ》す

意味 非常《ひじょう》につかれる。［つかれると、あごを前《まえ》に出《だ》して息《いき》をする様子《ようす》から］

使い方 わずか5分《ふん》のランニングで**あごを出《だ》す**なんて。運動不足《うんどうぶそく》だゾ、ひろし。

みんな そんなに あごを出《だ》して どうしたの？
ぜぇ ぜぇ
ネネちゃんが このねこつかまえろって 言《い》ったからでしょ…
はぁ はぁ

舌《した》の根《ね》もかわかぬうちに

意味 言《い》ったすぐ後《あと》に。［直前《ちょくぜん》の言葉《ことば》と矛盾《むじゅん》した発言《はつげん》や行動《こうどう》を非難《ひなん》するときに使《つか》う］

使い方 ななこちゃんが好《す》きと言《い》った**舌《した》の根《ね》もかわかぬうちに**、別《べつ》の子《こ》に告白《こくはく》するなんて。

あーむ
ダイエットするって言《い》った舌《した》の根《ね》もかわかぬうちに…
せんべい
チョコビスケ
まんじゅう
ポテトチップ

舌《した》を出《だ》す

意味 ①かげでばかにしたり、悪口《わるくち》を言《い》う。②失敗《しっぱい》やうそをごまかす動作《どうさ》。

使い方 ①顔《かお》では笑《わら》ったが、心《こころ》の中《なか》では**舌《した》を出《だ》した**。②演技《えんぎ》に失敗《しっぱい》し、思《おも》わず**舌《した》を出《だ》した**。

あなたのプレゼントを買《か》いにデパートへ行《い》ってきたの
オレのためにわざわざありがとう！
本当《ほんとう》の目的《もくてき》はバーゲンよーん
ひしっ
パシャッ
デパート

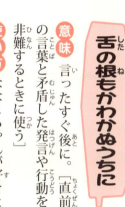

のどから手《て》が出《で》るほど

意味 物《もの》や人材《じんざい》が、ほしくてほしくてたまらない様子《ようす》。

使い方 あの投手《とうしゅ》は、来《らい》シーズンのわがチームにとって、**のどから手《て》が出《で》るほど**ほしい選手《せんしゅ》だ。

のどは「飲《の》み門《と》」から

「のど」という言葉《ことば》は、食《た》べ物《もの》を飲《の》みこむ門《もん》、すなわち「飲《の》み門《と》」という古《ふる》い言葉《ことば》に由来《ゆらい》しているらしい。長《なが》い年月《ねんげつ》の間《あいだ》にノミトがノムド→ノンド→ノドと変化《へんか》してできた言葉《ことば》なんだ。
早口《はやくち》で続《つづ》けて言《い》ってみよう。ノミトがノドになったかな。

カンタムロボ 大安売《おおやすう》り
KANTAM
KANTAM
母《かあ》ちゃんカンタムロボ買《か》って
買《か》いません!
どたばた どたばた
のどから手《て》が出《で》るほどほしいんだよー!
買《か》ってー!
絶対《ぜったい》に買《か》いません
じたばた じたばた じたばた
ぴた
うわーん買《か》って買《か》って買《か》って
じたばた じたばた
ぴた
いーかげんにしなさい!

首《くび》を長《なが》くする

意味 （人《ひと》、返事《へんじ》、何《なに》かの実現《じつげん》を）期待《きたい》して待《ま》ちつづける。

使い方 しんちゃんは、ラブレターの返事《へんじ》を**首《くび》を長《なが》くして**待《ま》っていた。

類語 **指折《ゆびお》り数《かぞ》える。**
今《いま》やおそしと。
今《いま》か今《いま》かと。

参考 **一日千秋《いちじつせんしゅう》の思《おも》い**＝とても待《ま》ちこがれる気持《きも》ち。［千秋《せんしゅう》＝千年《せんねん》。一日《いちにち》が千年《せんねん》のように長《なが》く感《かん》じられるというたとえから］
↓一日千秋《いちじつせんしゅう》の思《おも》いで、鉄道《てつどう》の再《さい》開通《かいつう》を待《ま》ちつづけた。

おおまがりえき
大曲駅
じいちゃん！
しんのすけ！
じょり
じょり
じょり
…オヤジしばらく世話《せわ》になるよ
ああ…
よく来《き》たなあしんのすけ
おえ
ばあさんも首《くび》を長《なが》くして待《ま》ってるぞ
ブオーーッ
いらっしゃーい
ごめんびっくりした?
みさえ！しっかりしろみさえっ
つんつん

首《くび》が回《まわ》らない

意味 （借金《しゃっきん》が多《おお》くて）支払《しはら》う金《かね》のやりくりがつかない。

使い方 月末《げつまつ》はいつも、借金《しゃっきん》の返済《へんさい》で**首《くび》が回《まわ》らない**。

参考 「首《くび》が回《まわ》る」という慣用《かんよう》句《く》はない。

今月《こんげつ》は借金《しゃっきん》の返済《へんさい》で**首《くび》が回《まわ》らない**んですよぉ
いただきまーす
だからって毎晩《まいばん》おかずたかるのはやめてよね

首《くび》をかける

意味 （失敗《しっぱい》したら）職《しょく》を失《うしな》う覚悟《かくご》でがんばる。

使い方 **首《くび》をかけて**上司《じょうし》を説得《せっとく》し、新商品《しんしょうひん》を開発《かいはつ》した。

ポイント 首《くび》＝会社《かいしゃ》をやめさせられること。

オレの**首《くび》をかけて**このプロジェクトを成功《せいこう》させるぞ！
そして大出世《だいしゅっせ》だ
熱《あつ》い熱《あつ》い
あなたステキ…

首《くび》をつっこむ

意味 関心《かんしん》を持《も》って関《かか》わる。

使い方 ミッチーは、ヨシりんのやっていることに何《なん》でも**首《くび》をつっこみ**たがる。

類語 **頭《あたま》をつっこむ**。

なになに？
じょろろろ
女《おんな》の争《あらそ》いには**首《くび》をつっこまない**方《ほう》がいいぞ
このぶりっこ
なによう！

首《くび》をひねる

意味 ①理解《りかい》や判断《はんだん》ができなくて考《かんが》えこむ。②疑《うたが》わしく思《おも》う。

使い方 ①結局《けっきょく》、彼女《かのじょ》は何《なに》を望《のぞ》んでいるのか？　みんな、**首《くび》をひねって**いた。

類語 **小首《こくび》をかしげる**。

どうしてオラってこんなにかしこくてイケメンなんだろう？
世界《セカイ》の七ふしぎだ
さ～てごはんごはん

首《くび》を横《よこ》にふる

意味 賛成《さんせい》しない。認《みと》めない。

使い方 「新商品《しんしょうひん》のお味《あじ》は？」。社長《しゃちょう》は**首《くび》を横《よこ》にふって**、やり直《なお》しを命《めい》じた。

反対語 **首《くび》をたてにふる**＝賛成《さんせい》する。認《みと》める。

こづかい上《あ》げろーー！
お正月《しょうがつ》にはたこあげろー
こづかい毎月《まいつき》よこせー
食《た》べたいぜチョコビ！
ぜー

コミックスで発見《はっけん》！

聞《き》き流《なが》せないから首《くび》をつっこむ

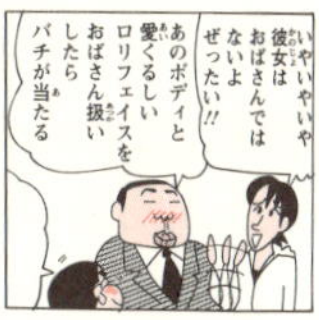
いやいやいや彼女《かのじょ》はおばさんではないよぜったい!!
あのボディと愛《あい》くるしいロリフェイスをおばさん扱《あつか》いしたらバチが当《あ》たる

ちょっと待《ま》った!! 私《わたし》さっきから見《み》てましたけど

『クレヨンしんちゃん』49巻《かん》・33ページより

気《き》になる会話《かいわ》を聞《き》き流《なが》せずに、思《おも》わずひと言《こと》言《い》ってしまう。そんな首《くび》のつっこみ方《かた》もあるんだな。覚《おぼ》えておこう。

右《みぎ》の会話《かいわ》に首《くび》をつっこんだのね

肩《かた》の荷《に》が下《お》りる

意味 （責任《せきにん》がなくなったり、問題《もんだい》が解決《かいけつ》したりして）気持《きも》ちが楽《らく》になる。

使い方 2年間続《ねんかんつづ》けたPTA《ピーティーエー》の役員《やくいん》からやっと解放《かいほう》された。これで、**肩《かた》の荷《に》が下《お》りたよ。**

ポイント 「荷《に》」は責任《せきにん》や負担《ふたん》のたとえ。

類語 **荷《に》が軽《かる》くなる。**

反対語 **荷《に》が重《おも》い**＝責任《せきにん》を負担《ふたん》に感《かん》じる。➡児童会長《じどうかいちょう》なんて、ぼくには荷《に》が重《おも》すぎるよ。

ガラッ
アク
しんちゃんがバスに間《ま》に合《あ》うなんて奇跡《きせき》だわ…
おはようございまーす
よ
ほら みんなしんちゃんよ
おおっ
一緒《いっしょ》に行《い》くのすごーく久《ひさ》しぶりだね
今日《きょう》は送《おく》って行《い》かなくてすんだ
やれやれ**肩《かた》の荷《に》が下《お》りたわ**
ん？
あのおバカ
キ～コ～
キ～コ～
お弁当《べんとう》

肩《かた》を並《なら》べる

意味 ①実力《じつりょく》、地位《ちい》、勢《いきお》いなどが同《おな》じ程度《ていど》である。匹敵《ひってき》する。
②並《なら》んで進《すす》む様子《ようす》。

使い方 ①練習《れんしゅう》のかいあって、優勝候補《ゆうしょうこうほ》の選手《せんしゅ》と**肩《かた》を並《なら》べる**技《ぎ》術《じゅつ》を身《み》につけることができた。
②しんちゃんとカザマくんが、**肩《かた》を並《なら》べて**歩《ある》いていた。

甲乙《こうおつ》をつけがたいとは?

二《ふた》つの物《もの》、二人《ふたり》が同《おな》じ程度《ていど》で優《ゆう》劣《れつ》をつけられない状態《じょうたい》を「甲乙《こうおつ》をつけがたい」という。

甲《こう》と乙《おつ》は、1位《い》と2位《い》の意味《いみ》。昔《むかし》の日本《にっぽん》では、成績《せいせき》などは上《うえ》から甲《こう》→乙《おつ》→丙《へい》などと記《しる》されていた。

これらは中国由来《ちゅうごくゆらい》の年《とし》や日《ひ》の数《かぞ》え方《かた》（十干《じっかん》）にある言葉《ことば》なんだ。

これ 読《よ》んで
えっ? まいったなあ キミもかい?
あれ?
はい
えっ?!
じゃ 後《あと》でね
ボ ボクも カザマくんと 肩《かた》を並《なら》べる イケメンに なったのか…?
ほー
ドキ
ドキ
わっ 鼻血《はなぢ》!
ごま塩《しお》 おにぎりが 赤飯《せきはん》 おにぎりに なったぞ!
たら…

肩《かた》で息《いき》をする

意味 苦《くる》しくて、肩《かた》を上下《じょうげ》に動《うご》かして息《いき》をする。あえぐ。

使い方 マラソンでゴールした直後《ちょくご》の選手《せんしゅ》は、だれもが**肩《かた》で息《いき》をして**いた。

類語 **息《いき》が上《あ》がる**。

あーあ 肩《かた》で息《いき》をしちゃって また太《ふと》ったんじゃないの?
どて どて どて どて どて
二人《ふたり》も かかえてる からよ!
はあ はあ はあ はあ

肩《かた》にかかる

意味 (仕事《しごと》、将来《しょうらい》などが)その人《ひと》の出来不出来《できふでき》で決《き》まる。

使い方 勝《か》つか負《ま》けるか。チームの運命《うんめい》は最後《さいご》のバッター、ボーちゃんの**肩《かた》にかかって**いた。

がんばって 働《はたら》いてね ア・ナ・タ
キミの 生活《せいかつ》はボクの 肩《かた》にかかって いるんだね
ずし…
気《き》のどくに…
台本《だいほん》

肩身《かたみ》がせまい

意味 はずかしい。劣等感《れっとうかん》を抱《いだ》く。

使い方 家《いえ》が小《ちい》さくても古《ふる》くても、学校《がっこう》で**肩身《かたみ》がせまい**思《おも》いをする必要《ひつよう》はない。

類語 **顔向《かおむ》けができない**。

いつもおさわがせ してすみません…
肩身《かたみ》が 狭《せま》いったら ありゃしない!
くるっ くる くる
おしりと おしりで。
おしり あい~

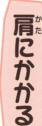

肩《かた》を落《お》とす

意味 がっかりしてうなだれる。[肩《かた》から両腕《りょううで》がだらりと下《さ》がった状態《じょうたい》から]

使い方 最後《さいご》のバッター、ボーちゃんは三振《さんしん》で試合終了《しあいしゅうりょう》。みんなが**肩《かた》を落《お》とした**。

やっぱりありきたりのオチだったよ意外《いがい》な犯人《はんにん》も出《で》てこないし
がっかり
ドラマの見《み》すぎ
そんなことで肩《かた》を落《お》とさないの

肩《かた》を貸《か》す

意味 ①手助《てだす》けする。②肩《かた》につかまらせて、支《ささ》えてやる。

使い方 ①宿題《しゅくだい》で困《こま》っているなら、**肩《かた》を貸《か》す**よ。②ねんざした友《とも》だちに**肩《かた》を貸《か》して**歩《ある》いた。

類語 **ひとはだ脱《ぬ》ぐ**（112ページ）。

つかれて歩《ある》けない肩《かた》を貸《か》してよ〜
貸《か》してもいいけど
すぐに返《かえ》してよ
よろよろ
意味《いみ》がちがうよ

肩《かた》を持《も》つ

意味 （一方《いっぽう》の）味方《みかた》をする。

使い方 「お姉《ねえ》ちゃんなんだから、がまんしなさい」と言《い》って、母《はは》はいつも妹《いもうと》の**肩《かた》を持《も》つ**。

類語 **肩入《かたい》れする**。

妹《いもうと》には優《やさ》しくしなさい
母《かあ》ちゃんはいつもひまわりの肩《かた》を持《も》つから肩《かた》こりが治《なお》らないんだゾ
関係《かんけい》ないわよ！

胸《むね》を張《は》る

意味 ①堂々《どうどう》とふるまう。自信《じしん》を持《も》って行動《こうどう》する。②得意《とくい》になる。

使い方 ①「今日《きょう》から中学生《ちゅうがくせい》ね。**胸《むね》を張《は》って**登校《とうこう》しなさい」。母《はは》はそう言《い》って私《わたし》の肩《かた》を押《お》した。②「これ、私《わたし》がつくったカレーよ」と姉《あね》は**胸《むね》を張《は》った**。

類語 **大手《おおで》をふる**（94ページ）。

胸《むね》や腹《はら》は心《こころ》を収《おさ》める場所《ばしょ》

胸《むね》や腹《はら》は古《ふる》くから、「心《こころ》が収《おさ》められている場所《ばしょ》」と考《かんが》えられてきたため、慣用句《かんようく》では「本当《ほんとう》の気持《きも》ちや考《かんが》え」という意味《いみ》で使《つか》われることが多《おお》いのよ。

71ページの三《みっ》つの慣用句《かんようく》の「胸《むね》」を「心《こころ》」におきかえてみて。

ママ 1週間前《しゅうかんまえ》に シロにエサあげてねって言《い》ったわよね
うん そんときあげたよ
次《つぎ》の日《ひ》は？
忘《わす》れた
その次《つぎ》の日《ひ》は？
忘《わす》れた
そのまた次《つぎ》の日《ひ》は？
忘《わす》れた
またまた次《つぎ》の日《ひ》は？
忘《わす》れた
えーっ じゃ 6日間《かかん》エサあげてないわけ？
えっへん
そのとおり！
胸《むね》を張《は》って言《い》ってんじゃないわよぉぉ！
シロにあやまれっ
つねーっ

胸《むね》が痛《いた》む

意味 ①つらい。②悪《わる》いことをしたと思《おも》う。

使い方 ①事故《じこ》で親《おや》を亡《な》くした友《とも》だちを思《おも》うと、**胸《むね》が痛《いた》む**。②車内《しゃない》で老人《ろうじん》に席《せき》をゆずらなかったことを思《おも》い出《だ》すと、**胸《むね》が痛《いた》む**。

へっへっへっ
ピーッ
犬笛《いぬぶえ》じゃなくてマサオ笛《ぶえ》だね
胸《むね》が痛《いた》む光景《こうけい》だね…

胸《むね》がいっぱいになる

意味 ①喜《よろこ》びで心《こころ》が満《み》たされる。②悲《かな》しみで心《こころ》がふさがれる。

使い方 ①1位《い》になった喜《よろこ》びで**胸《むね》がいっぱいになった**。②家族《かぞく》を失《うしな》った悲《かな》しみで**胸《むね》がいっぱいになった**。

カゼをひいたのはつらいけど今《いま》は幸《しあわ》せで胸《むね》がいっぱいになったわ…
ほいお水《みず》
あーん
ほーらあーん

胸《むね》に刻《きざ》む

意味 感動《かんどう》や大切《たいせつ》なことを心《こころ》にとどめ、忘《わす》れないようにする。

使い方 恩師《おんし》の言葉《ことば》を**胸《むね》に刻《きざ》み**、上京《じょうきょう》した。

類語 **心《こころ》に刻《きざ》む**。**肝《きも》にめいじる**（78ページ）。

剣道《けんどう》は礼《れい》に始《はじ》まり礼《れい》に終《お》わる
しっかり胸《むね》に刻《きざ》んでおけ！
忘《わす》れるまで覚《おぼ》えておこう！

胸《むね》を打《う》つ

意味 強《つよ》く感動《かんどう》させる。

使い方 「クレヨンしんちゃん」の映画《えいが》には、観客《かんきゃく》の**胸《むね》を打《う》つ**場《ば》面《めん》がいくつもある。

類語 **胸《むね》にひびく**。**心《こころ》を打《う》つ**。**心《こころ》にひびく**。

むくっ
どさっ
だついかご
おおおおっ！ 気《き》を失《うしな》ってもおかたづけしてる
立派《りっぱ》だよ マサオ 母《かあ》ちゃん **胸《むね》を打《う》たれた**よ！

胸《むね》をおどらせる

意味 期待《きたい》や喜《よろこ》びでわくわくする。

使い方 「しん様《さま》はピアノの発《はっ》表会《ぴょうかい》に来《き》てくださったかしら」あいちゃんは、**胸《むね》をおどらせて**観客席《かんきゃくせき》を見回《みまわ》した。

花火大会《はなびたいかい》ってわくわくするねー
キャピキャピ
何《なに》に**胸《むね》をおどらせ**てんだか
でれー

胸《むね》を借《か》りる

意味 実力《じつりょく》が上《うえ》の人《ひと》に相手《あいて》になってもらう。［相撲《すもう》で上位《じょうい》力士《りきし》にけいこをつけてもらうことから］

使い方 相手《あいて》は全員《ぜんいん》、中学生《ちゅうがくせい》。ぼくら小学生《しょうがくせい》のチームは**胸《むね》を借《か》りる**つもりで試合《しあい》に臨《のぞ》んだ。

胸《むね》を借《か》りるつもりでかかって来《こ》い！
さっ
ぶんっ
なかなかいい勝負《しょうぶ》だぞ
イメージ対戦中《たいせんちゅう》

とっておきメモ

●**胸《むね》がすく**＝**胸《むね》のつかえがなくなりさっぱりする。**［すく＝空《から》になる→「腹《はら》がすく」など］↓ラストでヒロインが救出《きゅうしゅつ》され、悪者《わるもの》は全《ぜん》滅《めつ》。勧善懲悪《かんぜんちょうあく》の胸《むね》がすくようなドラマだった。

●**胸《むね》に一物《いちもつ》**＝**口《くち》に出《だ》していない計《けい》画《かく》やたくらみ、不満《ふまん》や不信《ふしん》。**↓彼《かれ》の態度《たいど》がここ2、3日《にち》でよそよそしくなったのは、胸《むね》に一物《いちもつ》あるせいではないか。

類語　腹《はら》に一物《いちもつ》。

●**胸《むね》に手《て》を置《お》く**＝**落《お》ち着《つ》いて考《かんが》える。**↓このチョコビの中身《なかみ》はどこへ消《き》えたのかしら？　胸《むね》に手《て》を置《お》いて思《おも》い出《だ》してみなさい。

類語　胸《むね》に手《て》を当《あ》てる。

胸《むね》に関係《かんけい》した慣用句《かんようく》だよ

●**胸《むね》に秘《ひ》める**＝**自分《じぶん》だけの秘密《ひみつ》にする。**↓しんちゃんは、ななこちゃんへの思《おも》いを自分《じぶん》の胸《むね》に秘《ひ》めておくことができない。

類語　胸《むね》に納《おさ》める。

●**胸《むね》をこがす**＝**強《つよ》く思《おも》いこがれる。**↓ミッチーとヨシりんは、たがいに胸《むね》をこがすような恋《こい》をして結婚《けっこん》したのだろう。

類語　身《み》をこがす。

●**胸《むね》をなでおろす**＝**心配《しんぱい》ごとが解《かい》決《けっ》して、安心《あんしん》する。**↓家《いえ》の中《なか》をいくらさがしても返事《へんじ》のないひまわりが見《み》つかって、胸《むね》をなでおろした。庭《にわ》でシロとねているんだから。

●**胸《むね》をふくらませる**＝**期待《きたい》、喜《よろこ》び、希望《きぼう》で心《こころ》が満《み》たされる。**↓毎年《まいとし》4月《がつ》は、期待《きたい》と希望《きぼう》で胸《むね》をふくらませた新入生《しんにゅうせい》や新社会人《しんしゃかいじん》が町《まち》にあふれる。

腹《はら》が黒《くろ》い

意味 心《こころ》の中《なか》で悪《わる》いことを考《かんが》えている。

使い方 私《わたし》の友《とも》だちには、**腹《はら》が黒《くろ》い**人《ひと》は一人《ひとり》もいない。

ポイント 黒《くろ》は、悪事《あくじ》、犯人《はんにん》などを連想《れんそう》させる言葉《ことば》として用《もち》いられることが多《おお》い。「腹《はら》」については70ページのコラム参照《さんしょう》。

参考 白《しろ》は、潔白《けっぱく》、無罪《むざい》を連想《れんそう》させることが多《おお》い。

類語 **腹黒《はらぐろ》い**。**裏《うら》のある**。**二心《ふたごころ》ある**。**面従腹背《めんじゅうふくはい》**。

え？合コン《ごう》の作法《さほう》を教《おし》えてほしい？
お教《おし》えしますわ！
※くノ一《いち》か…
ばっ
まず自己紹介《じこしょうかい》で男《おとこ》たちの心《こころ》をワシづかみにしなきゃ
はあ…
どんっ
あ
うそでも子《こ》ども好《ず》き料理《りょうり》好《ず》きとか言《い》って家庭的《かていてき》な女《おんな》をアピールするのよ
この子《こ》腹《はら》が黒《くろ》いなー

※＝女《おんな》の忍者《にんじゃ》。女《おんな》という字《じ》は「く」「ノ」「一《いち》」の3画《かく》からなるから。

腹《はら》がすわる

意味 度胸《どきょう》がある。物事《ものごと》に動《どう》じない。

使い方 勉強《べんきょう》か部活《ぶかつ》か。迷《まよ》ったすえに、部活動《ぶかつどう》を続《つづ》けることに決《き》めた。**腹《はら》がすわる**と、練習《れんしゅう》にも身《み》が入《はい》るようになった。

ポイント すわるは「安定《あんてい》する」「落《お》ち着《つ》く」の意味《いみ》。「座《すわ》る」の意味《いみ》ではない。⬇赤《あか》んぼうの首《くび》がすわるようになった。

類語 **腹《はら》が決《き》まる。** **度胸《どきょう》がすわる。** **肝《きも》がすわる。** **性根《しょうね》がすわる。**

オレは昔《むかし》アラヨットプラザホテルでフランス料理《りょうり》をつくってたんだ…
へえーっ
あそこの料理《りょうり》は日本《にっぽん》でもトップクラスって言《い》われてますよね
まあな ヘヘっ
ウチの母《かあ》ちゃんも手抜《てぬ》き料理《りょうり》はトップクラス
言《い》えてる
どっ
なんでキョロキョロしてんの?
いや…みさえがいそうな気《き》がして
きょろ
きょろ びく びく
腹《はら》がすわらない男《おとこ》だね~

腹《はら》をさぐる

意味 （遠《とお》まわしな質問《しつもん》で）相《あい》手《て》の気《き》持《も》ちや考《かんが》えをうかがう。

使い方 フリーマーケットでは、売《う》り手《て》の**腹《はら》をさぐり**ながら、値《ね》引《び》き交渉《こうしょう》をするのが楽《たの》しい。

ポイント 直接《ちょくせつ》ではなく、間接《かんせつ》的《てき》に聞《き》く様子《ようす》を指《さ》す。

痛《いた》くないのに、さぐられる？

「痛《いた》くもない腹《はら》をさぐられる」という慣用句《かんようく》がある。これは、「腹《ふく》痛《つう》ではないおなかをさわられる」という意味《いみ》ではないよ。犯罪《はんざい》やいたずら（例《れい》＝ケーキのつまみ食《ぐ》い）などの悪《わる》いことをしていないのに、犯人《はんにん》のように疑《うたが》われるという意味《いみ》なんだ。

へそを曲《ま》げる

意味 （気《き》に入《い》らないことがあって）すねる。

使い方 B《ビー》さんは、A《エー》さんより後《あと》に相談《そうだん》されたことに**へそを曲《ま》げて**、口《くち》を利《き》いてくれなくなった。

参考 へそには「物《もの》の中心《ちゅうしん》」「重要《じゅうよう》な部分《ぶぶん》」という意味《いみ》がある。

類語 **つむじを曲《ま》げる**。「つむじ＝毛《け》がうずまきのように生《は》えているところ」

やあ 奥《おく》さん ウチの仕事《しごと》どうです？
ここの仕上《しあ》がり きれいですね～ さすが親方《おやかた》だわ
ずーーん
そこはコージがやったところで…
いかん 親方《おやかた》のきげんが…
おこんなとこにアメが
あっ それは親方《おやかた》のおやつだよ！
いただき
今日《きょう》はもう仕事《しごと》しねえっ！
ガラ ガッシャーッ
あーあ **へそを曲《ま》げちゃった**

肝《きも》にめいじる

意味 教訓《きょうくん》や忠告《ちゅうこく》を心《こころ》に刻《きざ》んで忘《わす》れない。［肝《きも》＝心《こころ》。銘《めい》じる＝書《か》きつける］

使い方 この失敗《しっぱい》を**肝《きも》にめいじて**、同《おな》じ失敗《しっぱい》をしないように。

類語 **胸《むね》に刻《きざ》む**（71ページ）。

あいつにはなるべく関《かか》わらないで無視《むし》するよう**肝《きも》にめいじて**ください
手《て》ごわいのか？
ある意味《いみ》

私腹《しふく》を肥《こ》やす

意味 自分《じぶん》だけ不正《ふせい》に金《かね》や物《もの》を得《え》る。

使い方 公務員《こうむいん》の立場《たちば》を利用《りよう》して、わいろを受《う》け取《と》り**私腹《しふく》を肥《こ》やして**いた二人《ふたり》が逮捕《たいほ》された。

類語 **うまい汁《しる》を吸《す》う**（182ページ）。

税金《ぜいきん》で**私腹《しふく》を肥《こ》やす**なんてゆるせな〜い
北内《きたない》代議士《だいぎし》たいほ
バリバリ
モグモグ
母《かあ》ちゃんはせんべいで腹《はら》を肥《こ》やしてるけどね

腸《はらわた》が煮《に》えくりかえる

意味 どうにもおさまらないほど腹《はら》が立《た》つ。

使い方 酒《さけ》よい運転《うんてん》で妹《いもうと》にケガをさせたドライバーには、**腸《はらわた》が煮《に》えくりかえる**思《おも》いだ。

類語 **腹《はら》の虫《むし》が治《おさ》まらない**。

トオルちゃん成長《せいちょう》したわね
だからボクのママのモノマネはやめろって！
今夜《こんや》はハンバーグよ
ちょっと似《に》てるからよけいに**腸《はらわた》が煮《に》えくりかえる**…！

腹《はら》をかかえる

意味 （腹《はら》をかかえるほど）とてもおかしい。大笑《おおわら》いする。

使い方 ボーちゃんのギャグがおもしろかったので、みんな、**腹《はら》をかかえて**笑《わら》った。

類語 **腹《はら》（の皮《かわ》）がよじれる。**

腹《はら》を決《き》める

意味 決心《けっしん》する。覚悟《かくご》する。

使い方 ここに落《お》ちたら、進学《しんがく》はあきらめる。姉《あね》はそう**腹《はら》を決《き》めて**合格発表《ごうかくはっぴょう》を見《み》に行《い》った。

類語 **腹《はら》を固《かた》める。** **意《い》を決《けっ》する。**

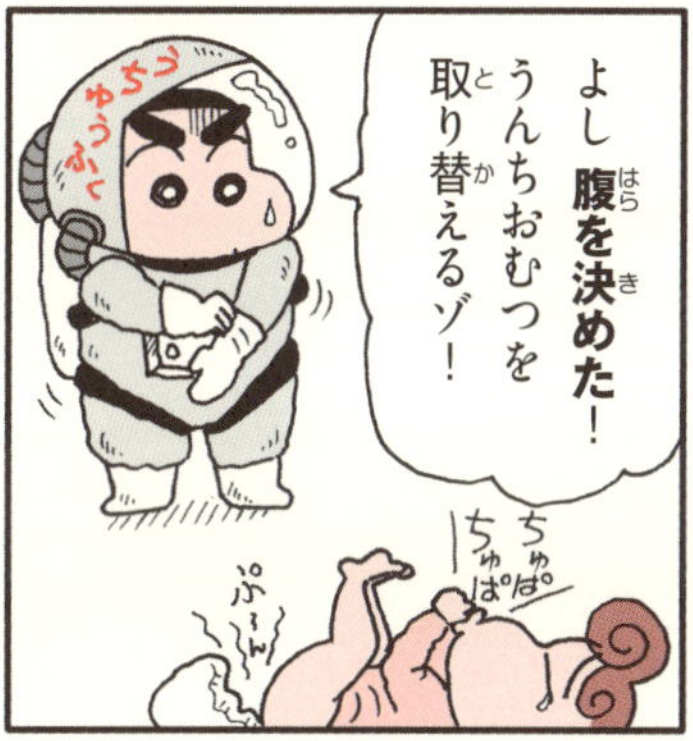

腹《はら》を割《わ》って

意味 かくさないで。本心《ほんしん》を。

使い方 「どういう部活《ぶかつ》をやりたいか、今日《きょう》は**腹《はら》を割《わ》って**話《はな》しあいましょう」とマネージャーが、みんなに言《い》った。

類語 **正直《しょうじき》に。**

腰《こし》を折《お》る

意味 ①話《はなし》や物事《ものごと》の流《なが》れを途中《とちゅう》で止《と》める。②腰《こし》を曲《ま》げる。

使い方 ①せっかく盛《も》り上《あ》がったところなのだから、横《よこ》から冷《ひ》やかして話《はなし》の**腰《こし》を折《お》る**のは、やめてくれ。
②みさえは**腰《こし》を折《お》って**、落《お》ちていた百円玉《ひゃくえんだま》を拾《ひろ》った。

参考 ①は、**話《はなし》の腰《こし》を折《お》る**で使《つか》うことが多《おお》い。

類語 ①**水《みず》を差《さ》す**（205ページ）。**横《よこ》やりを入《い》れる。**

カザマくん サッカー やろ
悪《わる》いけど 今《いま》そんな 気分《きぶん》じゃ ないんだ
今《いま》 悩《なや》んでる ことが あってね
うんち したい とか？
どんなこと？ よかったら 話《はな》してみてよ
実《じつ》はね…
そっかー それは 大変《たいへん》だね
まだ話《はな》して ないだろ？ 横《よこ》から口《くち》を 出《だ》して 話《はなし》の**腰《こし》を 折《お》る**なよ！

腰《こし》をすえる

意味 ①落《お》ち着《つ》いてとりくむ。
②その場所《ばしょ》に住《す》み着《つ》く。

使い方 ①世界平和《せかいへいわ》のために何《なに》ができるか。これは、**腰《こし》をすえて**考《かんが》えるべき問題《もんだい》だ。
②北海道《ほっかいどう》に**腰《こし》をすえて**、早《はや》20年《ねん》が過《す》ぎた。

参考 **みこしをすえる**＝腰《こし》をすえる。［みこし＝お祭《まつ》りでかつぐ神様《かみさま》の乗《の》り物《もの》。みこしと腰《こし》の

「こし」を冗談《じょうだん》でかけてできた慣用句《かんようく》」➡お酒《さけ》にようと、あのおじさんはみこしをすえて動《うご》かないんだよ。

さ 腰《こし》をすえて じっくり 考《かんが》えよう
そうねえ
うーん…
お菓子《かし》と ジュースが ないと アイデアが 出《で》ないね
そうだね
じとー
冷蔵庫《れいぞうこ》の中《なか》 さがして みたら？
ここは あたしんち だぞ
わーい
どか どか
うわー
ビールと 塩《しお》からしか ないや
生活《せいかつ》 荒《あ》れてるね
ほっとけ

腰《こし》が重《おも》い

意味 なかなか行動《こうどう》を起《お》こさない。

使い方 むさえは**腰《こし》が重《おも》い**から、なかなかそうじを始《はじ》めない。

類語 **尻《しり》が重《おも》い**。

腰《こし》がぬける

意味 きょうふやおどろきで、立《た》ち上《あ》がれなくなる。

使い方 宝《たから》くじの番号《ばんごう》を見《み》て**腰《こし》がぬけた**。1億円《おくえん》が当《あ》たった!?

類語 **腰《こし》をぬかす**。**心臓《しんぞう》が止《と》まるかと思《おも》う**。

腰《こし》が低《ひく》い

意味 (態度《たいど》が)ひかえめである。

使い方 園長先生《えんちょうせんせい》はだれにでも**腰《こし》が低《ひく》い**人《ひと》だ。

類語 **頭《あたま》が低《ひく》い**(15ページ)。

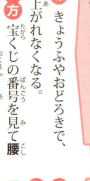

尻《しり》に火《ひ》が付《つ》く

意味 追《お》いつめられる。しめ切《き》り（期日《きじつ》）がせまる。

使い方 夏休《なつやす》み最後《さいご》の日《ひ》。**尻《しり》に火《ひ》が付《つ》いた**タカシくんは、宿題《しゅくだい》の山《やま》と戦《たたか》っていた。

参考 火《ひ》は、さしせまった期限《きげん》のたとえ。

類語 **お尻《しり》に火《ひ》が付《つ》く。足元《あしもと》に火《ひ》が付《つ》く。**

この慣用句《かんようく》も覚《おぼ》えよう

●尻《しり》ぬぐいをする＝他人《たにん》の失敗《しっぱい》の後始末《あとしまつ》をする。⬇弟《おとうと》の尻《しり》ぬぐいをするのはいつもボクなんだ。

類語 ＝尻《しり》をぬぐう。

●尻《しり》が長《なが》い＝おとずれた家《いえ》に長《なが》くいる。なかなか帰《かえ》らない。⬇あのおばさん、うちに来《く》ると尻《しり》が長《なが》くて、めいわくなんだよね。

まつざか先生《せんせい》午後《ごご》はデートなんですって？
そうなの彼《かれ》に会《あ》うの久《ひさ》しぶりなのよ♥
てれ
でも今日《きょう》の午後《ごご》はプールのそうじよ
あっ
ガーーン
カシャ
おもしろい顔《かお》…
間《ま》に合《あ》う？
ボッ
終《お》わらせる！そして絶対《ぜったい》彼《かれ》と会《あ》ってやる！
うおおお～っ!!
尻《しり》に火《ひ》が付《つ》いたわね
愛《あい》の力《ちから》ってすごい
カシャ
シャー

背《せ》筋《すじ》が寒《さむ》くなる

意味 ぞっとする。きょうふのために寒気《さむけ》がする。

使い方 ホラー映画《えいが》を見《み》たら、しんちゃんはこわくて**背筋《せすじ》が寒《さむ》くなった**。そして横《よこ》で見《み》ていたみさえの顔《かお》を見《み》たら、さらに**背《せ》筋《すじ》が寒《さむ》くなった**。

参考 背筋《せすじ》＝背中《せなか》のたてにくぼんだ部分《ぶぶん》。背中《せなか》の中心線《ちゅうしんせん》。

類語 **背筋《せすじ》に寒《さむ》いものが走《はし》る。** **背筋《すじ》がこおる。** **肝《きも》を冷《ひ》やす。** **身《み》の毛《け》がよだつ**（113ページ）。**鳥《とり》はだが立《た》つ**（112ページ）。

最近《さいきん》 このあたりに 三《み》つ目犬《めけん》が 現《あらわ》れるらしいよ
三《み》つ目犬《めけん》…
ぞおお〜
見《み》つめ犬《けん》…
じ
そのみつめじゃ ないよ
背《せ》筋《すじ》が 寒《さむ》くなるような うわさだね
ぞおお〜
それもコワイけど
ぼ――
わーっ 出《で》た！
三《み》つ目犬《めけん》だ！
キャン
あ シロ
そーいえば
この目《め》 オラが いたずら書《が》き したんだっけ

背《せ》に腹《はら》はかえられない

意味 大切《たいせつ》なことのために、小《ちい》さなことをぎせいにするのはやむを得《え》ない。

使い方 えっ、お金《かね》がない？ **背《せ》に腹《はら》はかえられない**。車《くるま》を売《う》って、生活費《せいかつひ》を工面《くめん》しよう。

参考 腹《はら》は、重要《じゅうよう》なことのたとえ。背《せ》は、小《ちい》さなことのたとえ。心臓《しんぞう》や胃《い》などの内臓《ないぞう》がおさまった腹部《ふくぶ》は、背中《せなか》より大切《たいせつ》だと考《かんが》えられていたことによる。**背《せ》に腹《はら》はかえられぬ**ともいう。

類語 **苦肉《くにく》の策《さく》**。**苦渋《くじゅう》の選択《せんたく》**。

わ！火事《かじ》だ！
早《はや》く水《みず》を！
えーい背《せ》に腹《はら》はかえられない
まさかおまえ…
そんなんで消《き》えるか！
じょぼーーっ
消《き》えた…
これぞまさにチン火《か》
なんちって

尻《しり》にしく

意味 相手《あいて》を軽《かる》く見《み》て、勝手《かって》にふるまう。［敷《し》く＝下《した》に置《お》く］

使い方 ひろしはみさえの**尻《しり》にしかれて**いる。

このままじゃずっと尻《しり》にしかれるよ…
言《い》うこときかないとみんなの秘密《ひみつ》バラすわよ
小学校《しょうがっこう》は絶対《ぜったい》別《べつ》の学校《がっこう》に行《い》こ

尻《しり》をたたく

意味 ①元気《げんき》づける。②さいそくする。

使い方 ①妹《いもうと》の**尻《しり》をたたいて**勉強《べんきょう》させた。②編集者《へんしゅうしゃ》が**尻《しり》をたたき**、小説家《しょうせつか》はやっと原稿《げんこう》を書《か》き上《あ》げた。

先生《せんせい》今日中《きょうじゅう》に原稿《げんこう》を仕上《しあ》げてくださいよ
そんなに尻《しり》をたたくなよ…
代《か》わりにオラの尻《しり》をたたく?

背《せ》を向《む》ける

意味 ①そむく。②無関心《むかんしん》な態度《たいど》をとる。

使い方 ①あれ以来《いらい》、両親《りょうしん》に**背《せ》を向《む》けて**きた。②友《とも》だちの忠告《ちゅうこく》に**背《せ》を向《む》けて**はいけない。

類語 **そっぽを向《む》く**。

だれか一緒《いっしょ》にエビフライごっこしない?
えんりょしとくよ
ボクも…
行こ
行こ
そ〜っ

腕《うで》を上《あ》げる

意味 上手《じょうず》になる。強《つよ》くなる。

使い方 剣道場《けんどうじょう》で。「スキあり! 胴《どう》」「一本《いっぽん》っ!」「**腕《うで》を上《あ》げた**な、しんのすけ」

参考 腕《うで》=能力《のうりょく》、技量《ぎりょう》。

由来 元々《もともと》は腕力《わんりょく》や、武芸《ぶげい》(剣《けん》、弓《ゆみ》、やり、馬《うま》など)の技術《ぎじゅつ》の向上《こう》を指《さ》したとされる。

類語 **腕前《うでまえ》が上《あ》がる**。**板《いた》に付《つ》く**(155ページ)。

カントン めーん!
パーンッ
どぉかしらっ?
スパーンッ
だいぶ腕《うで》を上《あ》げたな しんのすけ 動《うご》きにもキレがある
コクは?
ビールかよ
体《からだ》も しまって きたしな
しりの穴《あな》は?
ああ しまってる しまってる
きりっ

腕《うで》が立《た》つ

意味 技術《ぎじゅつ》や技量《ぎりょう》が優《すぐ》れている。有能《ゆうのう》な。

使い方 強《つよ》くなるために、もっと**腕《うで》が立《た》つ**コーチに学《まな》びたい。

強《つよ》くなりたいなら**腕《うで》が立《た》つ**先生《せんせい》に習《なら》いなさいよ
さっ 来《こ》～い！
遠慮《えんりょ》しときます

腕《うで》が鳴《な》る

意味 （試合《しあい》や勝負《しょうぶ》などで）自《じ》分《ぶん》の力《ちから》や技術《ぎじゅつ》を見《み》せたくて、心《こころ》がはやる。

使い方 明日《あした》は運動会《うんどうかい》。今年《ことし》こそ、リレーでとなりの2組《くみ》に勝《か》つぞ。あー、**腕《うで》が鳴《な》る**ぜ。

私《わたし》の運転《うんてん》でドライブ行《い》こ！ **腕《うで》が鳴《な》る**わぁ
オラのこと忘《わす》れないでね
ブギャアアッ
うわぁ
キュルキュル
バキョー
どっすーん
スリル満点《まんてん》なんだよな…
オエ

腕《うで》によりをかける

意味 張《は》り切《き》る。［より＝ねじり合《あ》わせること。➡「こより」など］

使い方 家《いえ》に来《き》た友《とも》だちのために、**腕《うで》によりをかけて**夕食《ゆうしょく》を準《じゅん》備《び》した。

おっ いらっしゃい
母《かあ》ちゃんが晩《ばん》ごはんつくるのサボったので食《た》べにきました
よっしゃ **腕《うで》によりをかけて**つくるぜ
し～っ

腕《うで》をふるう

意味 身《み》につけた技術《ぎじゅつ》を最大限《さいだいげん》に発揮《はっき》する。［料理《りょうり》をつくる際《さい》に使《つか》う］

使い方 おばあちゃんの誕生日《たんじょうび》をいわう料理《りょうり》に**腕《うで》をふるった**。

類語 **腕《うで》によりをかける。**

腕《うで》をみがく

意味 技術《ぎじゅつ》が向上《こうじょう》するように努《ど》力《りょく》する。

使い方 テニスの試合《しあい》で勝《か》つためには、苦手《にがて》なレシーブの**腕《うで》をみがく**必要《ひつよう》がある。

あはん んふ♥
特製《とくせい》スープですわ♥ 腕《うで》をふるってつくりましたの
まずっ…
にっちゃにちゃ
おえ

これはキック専用《せんよう》 そっちはパンチ用《よう》
どすっ
このコたちで毎日《まいにち》 必殺技《ひっさつわざ》の腕《うで》をみがいているのよ～
へへえ～…
ネネコレクション

コミックスで発見《はっけん》!

大根《だいこん》切《き》りで料理《りょうり》の腕《うで》をみがく

腕《うで》をみがくには何事《なにごと》も基本《きほん》が大切《たいせつ》。まずは包丁《ほうちょう》を正《ただ》しくにぎって、トン、トン、トン。次《つぎ》はにんじんにちょうせんだ。

トン
トン
トン
そうそう その調子《ちょうし》

『クレヨンしんちゃん』50巻・101ページより

いつもこうだと いいんだけどね

後《うし》ろ指《ゆび》をさされる

意味 かげ（自分《じぶん》のいないところ）で悪口《わるくち》を言《い》われる。笑《わら》いものにされる。

使い方 「人《ひと》から**後《うし》ろ指《ゆび》をさされる**ような商売《しょうばい》をしてはいけない」という先代《せんだい》の言葉《ことば》を胸《むね》に、事業《じぎょう》を続《つづ》けている。

ポイント 他人《たにん》が、本人《ほんにん》には見《み》えない後《うし》ろから指《ゆび》をさしたり、悪口《わるくち》を言《い》ったりすることから。

類語 **かげ口《ぐち》をたたかれる。物笑《ものわら》いの種《たね》にされる。**

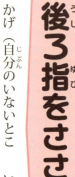

手《て》塩《しお》にかける

意味 あれこれ世話《せわ》をして大事《だいじ》に育《そだ》てる。

使い方 しんのすけが生《う》まれて5年《ねん》。**手塩《てしお》にかけて**育《そだ》ててきた結果《けっか》が、これなのね……。

参考 手塩《てしお》＝出《だ》された料理《りょうり》に、各自《かくじ》の好《この》みの味《あじ》をつけるために用意《ようい》された少量《しょうりょう》の塩《しお》。室町時代《むろまちじだい》（14～16世紀《せいき》）の食事《しょくじ》では、ぜんの上《うえ》に並《なら》んでいたとされる。

ポイント 「自分《じぶん》の手《て》ですること」に重《おも》きがおかれている。

類語 **手《て》をかける。**

ひまわりはかわいいなあ
成長《せいちょう》するにつれてどんどんかわいくなるわよ
パパーっ
パパ私《わたし》この人《ひと》と結婚《けっこん》します
……
ゆるさん！手塩《てしお》にかけて育《そだ》てた娘《むすめ》をどこのだれともわからん男《おとこ》にやれるか！
？

手《て》のひらを返《かえ》す

意味 態度《たいど》や意見《いけん》をコロッと変《か》える。

使い方 みさえが「やっぱり、買《か》いません」と伝《つた》えると、店員《てんいん》は**手《て》のひらを返《かえ》す**ように、そっけない態度《たいど》になった。

類語 **手《て》のひらを返《かえ》（反《かえ》）したように。** **舌《した》の根《ね》もかわかぬうちに**（61ページ）。**人《ひと》が変《か》わったように。**

じゃあ お願《ねが》い します
はい 安心《あんしん》して 出《で》かけておいで
行《い》ってき まーす
ほら ママに バイバイって
あう や
ひまわり 泣《な》きそう だったな
だいじょうぶ かしら
ふぅー
せぃ せぃ
いなくなったとたん **手《て》のひらを返《かえ》す**ように のびのびしてやがる
やれ やれ
ちっ

手《て》も足《あし》も出《で》ない

意味 ①かなわない。相手《あいて》にならない。
②動《うご》きをふうじられて、何《なに》もできなくなる。

使い方 ①試合結果《しあいけっか》は12対《たい》0。**手《て》も足《あし》も出《で》ない**完敗《かんぱい》だった。
②犯人《はんにん》はピストルを持《も》っていたので、しばられた人質《ひとじち》は**手《て》も足《あし》も出《で》なかった**。

類語 **手《て》に負《お》えない**＝うまくあつかえない。⬇ひまわりはイケメンに熱中《ねっちゅう》すると、手《て》に負《お》えなくなることがある。

大手《おおで》をふる

意味 堂々《どうどう》とふるまう。［大手《おおで》＝肩《かた》から指《ゆび》の先《さき》まで］

使い方 無実《むじつ》が証明《しょうめい》されたのだから、**大手《おおで》をふって**町《まち》を歩《ある》きなさい。

類語 **胸《むね》を張《は》る**（70ページ）。

市民《しみん》プール
女子更衣室《じょしこういしつ》
あ けんすけくん じゃないか
ひさしぶり だね
ズズズ…
コラコラっ 大手《おおで》をふって 女子更衣室《じょしこういしつ》に 入《はい》るなっ！
けんすけ ってだれよ

手《て》取《と》り足《あし》取《と》り

意味 ていねいに（教《おし》える様子《ようす》）。

使い方 自転車《じてんしゃ》の乗《の》り方《かた》を、親《おや》が**手《て》取《と》り足《あし》取《と》り**教《おし》えてくれた。

類語 **一《いち》から十《じゅう》まで。かんでふくめるように。**

右手《みぎて》はこうで 左手《ひだりて》はこう そうそう…
おお
オラって 天才《てんさい》かも この皮《かわ》 記念《きねん》に とっとこーよ！
しゃり しゃり

手《て》に余《あま》る

意味 処理《しょり》しきれない。

使い方 こんな専門用語《せんもんようご》の多《おお》い英語《えいご》の翻訳《ほんやく》は、私《わたし》の**手《て》に余《あま》り**ます。別《べつ》の方《かた》にたのんでくれませんか。

類語 **手《て》に負《お》えない。**

しゅたっ
くるくるっ
ばさっ
ごろごろ
ごろっ
この子《こ》の寝《ね》ぞうの 悪《わる》さは私《わたし》の 手《て》に余《あま》るわ…

手《て》に付《つ》かない

意味 （他《ほか》のことが気《き》になって）作業《さぎょう》に集中《しゅうちゅう》できない。

使い方 甲子園《こうしえん》の試合結果《しあいけっか》が気《き》になって、勉強《べんきょう》が**手《て》に付《つ》かない**。

類語 **手《て》が付《つ》かない**。

図書館《としょかん》デートも楽《たの》しいね♪
いちゃいちゃ
二人《ふたり》でいるだけで幸《しあわ》せよ
必勝
これじゃ勉強《べんきょう》が手《て》に付《つ》かないよ～

手《て》を広《ひろ》げる

意味 新《あたら》しい分野《ぶんや》で商売《しょうばい》を始《はじ》める。

使い方 青果店《せいかてん》の横《よこ》に自然食《しぜんしょく》レストランをオープンさせ、飲食《いんしょく》業《ぎょう》にも**手《て》を広《ひろ》げた**。

類語 **手《て》をのばす**。

ワイワイ
ランチ営業《えいぎょう》に手《て》を広《ひろ》げたから人手《ひとで》がほしいって
バイト
四郎《しろう》くんってヒトデなの？
やっぱり人間《にんげん》じゃなかったのか

コミックスで発見《はっけん》！

ひまわりには金《かな》づちが手《て》に余《あま》る？

手《て》に余《あま》るものは人《ひと》それぞれ。みさえにはしんちゃんが手《て》に余《あま》るし、ひろしにはみさえが手《て》に余《あま》り、ひまわりには金《かな》づちが？

『クレヨンしんちゃん』46巻《かん》・102ページより

ゴッ
反動《はんどう》

がんっ

使《つか》いこなせないということね

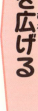

とっておきメモ

●**爪《つめ》のあかをせんじて飲《の》む**＝**できる人《ひと》のふるまいを少《すこ》しでもまねる。**［爪《つめ》のあか＝わずかな一部《いちぶ》。せんじる＝煮《に》る］⬇寝《ね》てばかりいるむさえに、あの人《ひと》の爪《つめ》のあかをせんじて飲《の》ませたい。

参考「〜飲《の》ませたい」とつかうことが多《おお》い。

●**手《て》に汗《あせ》をにぎる**＝**緊張《きんちょう》して、はらはらする。**⬇人質《ひとじち》が救出《きゅうしゅつ》される一部始終《いちぶしじゅう》を伝《つた》えるテレビ中継《ちゅうけい》を、手《て》に汗《あせ》をにぎって見《み》た。

●**手《て》を打《う》つ**＝**①必要《ひつよう》な処置《しょち》をする。**⬇相手《あいて》がそう言《い》うなら、こちらも別《べつ》の手《て》を打《う》つ必要《ひつよう》がある。**②合意《ごうい》する。**⬇じゅうぶん話《はな》し合《あ》ったから、これで手《て》を打《う》とう。

手《て》に関係《かんけい》した慣用句《かんようく》ですわ

●**手《て》をこまねく**＝**何《なに》もしないでわきで見《み》ている。**［こまねく＝腕《うで》を組《く》む］⬇こんな緊急事態《きんきゅうじたい》に、ただ手《て》をこまねいているわけにはいかない。

●**手《て》をつくす**＝**良《よ》い結果《けっか》になるようにできるかぎりのことをする。**⬇警察《けいさつ》、友人《ゆうじん》、知人《ちじん》、あらゆる方《ほう》面《めん》に手《て》をつくして調《しら》べたが、彼《かれ》の行方《ゆくえ》はわからなかった。

類語 最善《さいぜん》をつくす。

●**手《て》をぬく**＝**いいかげんにやる。**⬇忙《いそが》しいと、ついつい料理《りょうり》の手《て》をぬいてしまう。

類語 手《て》ぬきをする。

めんどうだからこれでいいわね

●**手《て》を焼《や》く**＝**持《も》てあます。**⬇みさえとひろしは、しんちゃんのいたずらに毎日《まいにち》手《て》を焼《や》いている。

類語 手《て》に負《お》えない（93ページ）。手《て》に余《あま》る（94ページ）。手《て》が付《つ》けられない。

ひざを打《う》つ

意味 ①何《なに》かを思《おも》いついたときの動作《どうさ》。②何《なに》かに感心《かんしん》したときの動作《どうさ》。

使い方 ①「これだ！」。アイデアが浮《う》かんだひろしは、思《おも》わず、**ひざを打《う》った**。②「なるほど。そういうことだったんですね！」。わかりやすい先生《せんせい》の説明《せつめい》に、思《おも》わずポンと**ひざを打《う》った**。

由来 ①や②のとき、自分《じぶん》のひざを手《て》のひらでポンと打《う》つ（たたく）動作《どうさ》をしたことから。

道路標識《どうろひょうしき》の問題《もんだい》を出《だ》して
ほい
車両《しゃりょう》の進入禁止《しんにゅうきんし》
さっ
道路工事中《どうろこうじちゅう》
さっ
えっ？それ何《なん》だっけ？
さっ
あせあせ
道路《どうろ》で野《の》グソ中《ちゅう》だよ。もう〜
ダメだなあ
あっ そっかあ
ポン
ひざを打《う》って納得《なっとく》…
するわけないでしょが!?
オラがつくったんだもん
ちなみに
これは道路《どうろ》で死体《したい》ごっこ中《ちゅう》

ひざを正《ただ》す

意味 きちんと座《すわ》る。正座《せいざ》する。

使い方 「コージ。大切《たいせつ》な話《はなし》だ。**ひざを正《ただ》して**よく聞《き》きやがれ」と、親方《おやかた》はお説教《せっきょう》を始《はじ》めた。

反対語 **ひざをくずす**。

ひざを乗《の》り出《だ》す

意味 話《はなし》に興味《きょうみ》を持《も》ち、積極的《せっきょくてき》になる。

使い方 「もうかりますよ〜」という甘《あま》い言葉《ことば》に、彼《かれ》は思《おも》わず**ひざを乗《の》り出《だ》した**。

類語 **身《み》を乗《の》り出《だ》す**。

ひざを交《まじ》える

意味 たがいに親《した》しく打《う》ち解《と》ける。［ひざが交差《こうさ》するほど、たがいに近《ちか》い様子《ようす》から］

使い方 各国《かっこく》の首脳《しゅのう》が**ひざを交《まじ》えて**話《はな》し合《あ》えば、戦争《せんそう》のない世《せ》界《かい》を実現《じつげん》できるはずだ。

あげ足《あし》を取《と》る

意味 （言《い》いまちがいや言葉《ことば》の）一部《いちぶ》をとらえて、言《い》いがかりをつける。

使い方 「しんちゃんは、**あげ足《あし》を取《と》る**名人《めいじん》ね」。みさえが、あきれて言《い》った。

由来 柔道《じゅうどう》や相撲《すもう》などで、相手《あいて》があげた足《あし》（浮《う》き上《あ》がった足《あし》）を取《と》って（けって）相手《あいて》を倒《たお》そうとしたことから。

ポイント 「揚《あ》げ足《あし》」か「挙《あ》げ足《あし》」と書《か》く。

類語 **あげ足取《あしと》り。**
けちを付《つ》ける。
難《なん》くせを付《つ》ける。

ちゃんとごはんを食《た》べなさい
うっピーマン
「このピーマン肉《にく》づめうまいな
ごちそーさま
ピーマンが残《のこ》ってるわよちゃんと食《た》べなさいって言《い》ったでしょ!?
ごはんはちゃんと食《た》べたもんねー
カラッ
ブチッ
あげ足《あし》を取《と》らないで食《た》べなさーい!
ってオラの足《あし》をあげないで
ふおおお

足《あし》が地《ち》に着《つ》かない

意味 ①（こうふんや緊張《きんちょう》から）心《こころ》が落《お》ち着《つ》かない。
②（夢《ゆめ》や計画《けいかく》などが）現実的《げんじつてき》ではない。

使い方 ①「百万円《ひゃくまんえん》の宝《たから》くじが当《あ》たったかも!?」。ひろしとみさえはしばらく、**足《あし》が地《ち》に着《つ》かない**心地《ここち》がした。
②夢《ゆめ》は10才《さい》で歌手《かしゅ》デビュー？　そんな**足《あし》が地《ち》に着《つ》かない**ことを考《かんが》えているひまがあるなら、おつかいに行《い》ってきて。

類語 地《ち》に足《あし》が着《つ》かない。

反対語 足《あし》が地《ち》に着《つ》く。地《ち》に足《あし》が着《つ》く。

びくびく
まっまつざか先生《せんせい》…あの…ごめんなさい うっかり先生《せんせい》のジュースを
飲《の》んでしまって…
いいのよ ジュースくらい 気《き》にしないで
キラキラ
うっ いつもは 鬼《おに》のように おこるのに 何《なに》があったの？
えーっ まつざか 先生《せんせい》に恋人《こいびと》が できた!?
えっあの 七人《しちにん》の？
それは小人《こびと》でしょ！
これ使《つか》う？
みなさーん ごきげんよぉ
ふわ〜
ハッピー
キラ キラ
うわーっ 足《あし》が地《ち》に 着《つ》いてないや
うかれすぎ

足《あし》が出《で》る

意味 ①赤字《あかじ》になる。費用《ひよう》が、計画《けいかく》や予算《よさん》より多《おお》くなる。
②かくしごとがばれる。

使い方 ①夏《なつ》の帰省《きせい》では、お土産《みやげ》を買《か》いすぎたりおいしい物《もの》を食《た》べすぎたりして、2万円《まんえん》も**足《あし》が出《で》て**しまった。
②ふともらしたひと言《こと》から、**足《あし》が出《で》て**しまった。最後《さいご》までばれないと思《おも》っていたのに……。

参考 （お）足《あし》＝金銭《きんせん》。足代《あしだい》＝交通費《こうつうひ》（60ページ）。

類語 ②…**ぼろが出《で》る**（204ページ）。

さ 夕食《ゆうしょく》の 買出《かいだ》しよ
よ
大《おお》やすうり
しんせん
おさかなコーナー
あれとこれ 買《か》って
さーて 支払《しはら》いし…
なきゃーっ
お会計《かいけい》
全部《ぜんぶ》で 2万円《まんえん》 です
ふぅ〜
きゃ
ピッ
すっかり 足《あし》が出《で》ちゃったわ…

足《あし》が棒《ぼう》になる

意味 （長《なが》い間《あいだ》、歩《ある》いたり立《た》ちつづけたりして）足《あし》がとてもつかれる。

使い方 バーゲンで一日中《いちにちじゅう》デパートを歩《ある》き回《まわ》ったみさえは「つかれた〜。今日《きょう》は**足《あし》が棒《ぼう》になる**ほど歩《ある》いたわね」と言《い》った。

参考 「棒《ぼう》」のある慣用句《かんようく》
鬼《おに》に金棒《かなぼう》（185ページ）。
棒《ぼう》にふる（204ページ）。
やぶから棒《ぼう》（150ページ）。

あれが ぺったん山《やま》だ
平《たい》らな山《やま》ね
母《かあ》ちゃんの おムネみたい
わく わく
さぁ 頂上《ちょうじょう》まで あと 少《すこ》しよ！
着《つ》いたー 頂上《ちょうじょう》だ！
はぁ はぁ
つかれたー 足《あし》が棒《ぼう》に なっちゃったわ
棒《ぼう》というより 丸太《まるた》？
びろ〜ん

浮《う》き足《あし》立《だ》つ

意味 ①不安《ふあん》になって、そわそわと落《お》ち着《つ》かない。②逃《に》げようとする。

使い方 ①初《はじ》めての県大会出《けんたいかいしゅつ》場《じょう》。みな最初《さいしょ》は**浮《う》き足《あし》立《だ》ってい**たが、しだいにいつものプレーができるようになった。②会社《かいしゃ》が倒産《とうさん》するかも？　社員《しゃいん》はみな**浮《う》き足《あし》立《だ》った**。

ポイント 浮《う》き足《あし》＝つま先《さき》だけで立《た》つ様子《ようす》。

類語 **足《あし》が地《ち》に着《つ》かない**（100ページ）

なわとび大会《たいかい》ばら組《ぐみ》の選手《せんしゅ》はこいつらだ！
ぴょーん
ぴょーん
すごい跳躍力《ちょうやくりょく》
わーん 勝《か》てっこないよ～
いけない！ みんな浮《う》き足《あし》立《だ》っている
みんな落《お》ち着《つ》いて
足《あし》が浮《う》くってこれくらい？
ぴょーん
ぴょよよーん
なんだ あいつ
すごい
ざわ ざわ
みんな落《お》ち着《つ》け！
今度《こんど》はばら組《ぐみ》が浮《う》き足《あし》立《だ》っている

脚光《きゃっこう》を浴《あ》びる

意味 ①世《よ》の中《なか》で注目《ちゅうもく》される。②舞台《ぶたい》に立《た》つ。

ポイント 脚光《きゃっこう》＝役者《やくしゃ》を足《あし》もとから照《て》らす照明《しょうめい》。フットライト。

使い方 ①世界遺産《せかいいさん》に登録《とうろく》された次《つぎ》の日《ひ》から、観光地《かんこうち》として**脚光《きゃっこう》を浴《あ》びる**ようになった。②一度《いちど》、**脚光《きゃっこう》を浴《あ》びたら**、お芝《しば》居《い》が大好《だいす》きになってしまった。

参考 **日《ひ》の目《め》を見《み》る**＝注目《ちゅうもく》され広《ひろ》く認《みと》められる。⬇地味《じみ》な研究《けんきゅう》がやっと日《ひ》の目《め》を見《み》た。

デビュー曲《きょく》が大《だい》ヒット！
今《いま》もっとも**脚光《きゃっこう》を浴《あ》びて**いるアーティスト！その名《な》も
キャー
ワー
キャー
ワー
しんのすけ
SHINNOSUKE
キャー
ワー
ステキよしんちゃん
ななこ…
タコになった夢《ゆめ》でも見《み》てるのかしら？
きもちわりー…
チューチュー
くねくね

足《あし》が向《む》く

意味 その方向《ほうこう》に向《む》かう。［前《まえ》に「つい」「気《き》がつくと」をつけることが多《おお》い］

使い方 読書《どくしょ》が好《す》きなので、休日《きゅうじつ》はつい本屋《ほんや》に**足《あし》が向《む》いて**しまう。

1
2
ついこっちに足《あし》が向《む》いちゃう♥
ムッ
失礼《しつれい》ね！
こらこら若《わか》くて美人《びじん》の方《ほう》にいくな！

足《あし》げにする

意味 ①けとばす。②人《ひと》にひどい仕打《しう》ちをする。［足《あし》げの「げ」は「ける」の意味《いみ》］

使い方 ②部下《ぶか》を**足《あし》げにして**自分《じぶん》だけ出世《しゅっせ》しようとするなんて、サイテーだ。

もう手紙《てがみ》なんてよこさないでくださる？
ふられても足《あし》げにされても好《す》きなんだ～
ポイ
マサオくん…

足手《あして》まとい

意味 じゃまなもの。［「あしでまとい」とも読《よ》む］

使い方 「ひまわりがいると、**足手《あして》まとい**なんだよな」「たいー（ぽかっ）」

わーん助《たす》けてー
ベチャッ
足手《あして》まといになるなよ
お前《まえ》がなってるよ

足《あし》のふみ場《ば》もない

意味 とても散《ち》らかっている。

使い方 「**足《あし》のふみ場《ば》もない**この部屋《へや》をかたづけなさい」と母《はは》がしかると、姉《あね》はのそのそと動《うご》き出《だ》した。

足《あし》のふみ場《ば》もない部屋《へや》だね
ひとり
これだから結婚《けっこん》できないのよ
余計《よけい》なお世話《せわ》だ

足元《あしもと》にもおよばない

意味 （相手《あいて》がとても優《すぐ》れていて）かなわない。

使い方 剣《けん》太《た》先生《せんせい》は、しんちゃんが**足元《あしもと》にもおよばない**剣士《けんし》だ。

類語 **歯《は》が立《た》たない**（55ページ）。

よっ お二人《ふたり》さん あいかわらず ハデだね
いやあ しんちゃんの 足元《あしもと》にも およばないよ
キラ
キラ キラ
ばっ
ちょうちょー

足元《あしもと》を見《み》る

意味 （相手《あいて》の）弱《よわ》みにつけこむ。［「足下《あしもと》」「足許《あしもと》」とも書《か》く］

使い方 この機械《きかい》なしでは仕事《しごと》にならない客《きゃく》の**足元《あしもと》を見《み》て**、店員《てんいん》は法外《ほうがい》な値段《ねだん》を口《くち》にした。

類語 **足元《あしもと》につけこむ**。

チョコビ買《か》ってくれたら だまっててあげても いーよ
チョコビ
くっ 足元《あしもと》を 見《み》おって
ほうほう
みさえの へそくり

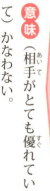

足《あし》を延《の》ばす

意味 予定《よてい》より遠《とお》くに行《い》く。[道《みち》のり(足《あし》)を延長《えんちょう》する意味《いみ》から。「伸《の》ばす」とも書《か》く]

使い方 「久《ひさ》しぶりの帰省《きせい》だから」と、となり町《まち》に**足《あし》を延《の》ばし**昔《むかし》の友《とも》だちに会《あ》った。

せっかく遠《とお》くまで来《き》たんだから**足《あし》を延《の》ばして**この先《さき》の温泉《おんせん》にでも入《はい》って行《い》くか
さんせーい♪
こんよく
混浴
おんせん

足《あし》を引《ひ》っ張《ぱ》る

意味 勝利《しょうり》、成功《せいこう》、出世《しゅっせ》、活動《かつどう》のじゃまをする。

使い方 あのエラーによる失点《しってん》が**足《あし》を引《ひ》っ張《ぱ》って**、結局《けっきょく》試合《しあい》には負《ま》けてしまった。

シュートー!
ゴールは逆方向《ぎゃくほうこう》だよ
足《あし》を引《ひ》っ張《ぱ》るなよ!

親《おや》のすねをかじる

意味 学費《がくひ》や生活費《せいかつひ》を親《おや》に出《だ》してもらう。[すね=ひざの下《した》の部分《ぶぶん》]

使い方 大学院生《だいがくいんせい》の彼《かれ》は「まだ**親《おや》のすねをかじって**います」と照《て》れくさそうに言《い》った。

親《おや》のすねをかじりながらバイトもしてます
親《おや》のすね?
これもかじる?
むあ〜

血《ち》も涙《なみだ》もない

意味 人間的《にんげんてき》なあたたかさがない。

使い方 **血《ち》も涙《なみだ》もない**悪者《わるもの》をたおす正義《せいぎ》のヒーローは、いつもよい子《こ》の味方《みかた》だ。

類語 **情《なさ》け容赦《ようしゃ》がない**。［容赦《ようしゃ》＝ゆるすこと、手加減《てかげん》すること］

参考 **極悪非道《ごくあくひどう》**＝とても悪《わる》く、人《ひと》の生《い》き方《かた》にはずれている。

社長令嬢《しゃちょうれいじょう》と結婚《けっこん》するからきみとは別《わか》れる
ええっ!?
ネネ作《さく》 台本《だいほん》
今《いま》までつくしてきた私《わたし》を捨《す》てるの?
あなたって**血《ち》も涙《なみだ》もない**男《おとこ》だったのね!
ひどぃわ〜
よよよ…
やっぱりさー
この役《やく》はカザマくんが向《む》いてるよ
そうねえ
将来《しょうらい》政略結婚《せいりゃくけっこん》とかしそう
なんでだよー!!

この慣用句《かんようく》も覚《おぼ》えよう

●**血《ち》が通《かよ》う**＝人間的《にんげんてき》なあたたかみがある。➡血《ち》が通《かよ》わぬロボットに負《ま》けてたまるか。

●**血《ち》となり肉《にく》となる**＝経験《けいけん》や知識《ちしき》を役立《やくだ》つものとしてたくわえる。➡負《ま》けた原因《げんいん》を考《かんが》え弱点《じゃくてん》を補強《ほきょう》することは、次《つぎ》の試合《しあい》への血《ち》となり肉《にく》となるはずだ。

骨《ほね》を折《お》る

意味 とても苦労《くろう》する。

使い方 同僚《どうりょう》が取引先《とりひきさき》をおこらせた際《さい》、相手《あいて》のきげんを直《なお》すために、ひろしはずいぶん**骨《ほね》を折《お》った**覚《おぼ》えがある。

類語 **汗《あせ》をかく**。

参考 **無駄骨《むだぼね》を折《お》る**＝苦労《くろう》がむくわれないまま終《お》わる。⬇きっと無駄骨《むだぼね》を折《お》ることになるよ。

この慣用句《かんようく》も覚《おぼ》えよう

- **骨《ほね》がある**＝信念《しんねん》を曲《ま》げない。しっかりしている。⬇しんちゃんのまわりに、骨《ほね》がある人《ひと》はあまりいない。
- **骨《ほね》ぬきにされる**＝大切《たいせつ》な部分《ぶぶん》がぬきとられ、あまり価値《かち》のないものにされる。⬇その法案《ほうあん》は骨《ほね》ぬきにされた末《すえ》に可決《かけつ》された。

しんのすけーっ シロのお散歩《さんぽ》の時間《じかん》よーっ
めんどくさいな ねたふりしよ
あら 寝《ね》てるわ
フフ かわいい寝顔《ねがお》 クチビルに思《おも》いっきりチューしちゃお♥
行《い》ってきます
すたこら
毎日《まいにち》 骨《ほね》を折《お》るのよね 散歩《さんぽ》に行《い》かせるのに

身《み》もふたもない

意味 あからさまな。

使い方 **身《み》もふたもない**言《い》い方《かた》をすれば、だれが市長《しちょう》になっても毎日《まいにち》のくらしは変《か》わらないのではないか。

由来 身《み》＝物《もの》を入《い》れる本体《ほんたい》。ふた＝本体《ほんたい》をふさぐ物《もの》。身《み》もふたもないために中身《なかみ》がむきだしになり、「あからさまな」という意味《いみ》になる。

参考 否定的《ひていてき》な意味《いみ》で使《つか》う。

類語 **にべもない**［にべ＝愛《あい》想《そ》。お世辞《せじ》］＝愛想《あいそ》がない。そっけない。

しん様《さま》今日《きょう》よろしければあいとデートしてくださらない？
子《こ》どもの相手《あいて》はつかれるからヤダ
じゃ
きっぱり
なんてもったいないことを…
あんな身《み》もふたもない言《い》い方《かた》されたらあいちゃんもイヤになっただろうな
ていうかイヤになっちゃえ
ちら
なんて気持《きも》ちのいいことわり方《かた》♥ますますラブですわん
ステキ

汗水《あせみず》たらす

意味 一生懸命《いっしょうけんめい》に働《はたら》く。

使い方 「今日《きょう》も一日《いちにち》、おつかれさま。**汗水《あせみず》たらした**後《あと》のコレがうまいんだ」とひろしは、ビールでのどをうるおした。

類語 **汗水流《あせみずなが》す**。

汗水《あせみず》たらして働《はたら》くのは気分《きぶん》いいな!
しんのすけはよだれをたらしてるぞ

血《ち》がにじむよう

意味 精神的《せいしんてき》・肉体的《にくたいてき》な苦労《くろう》を重《かさ》ねたたとえ。［実際《じっさい》に出血《しゅっけつ》しているわけではない］

使い方 **血《ち》がにじむよう**な努力《どりょく》をして、今《いま》の地位《ちい》を手《て》に入《い》れた。

類語 **血《ち》の出《で》るよう**。

血《ち》がにじむような練習《れんしゅう》をしたのに…
試合《しあい》ってゲーム…?

血《ち》わき肉《にく》おどる

意味 感情《かんじょう》がとても高《たか》ぶるたとえ。

使い方 みこしが勢《いきお》いよくぶつかる祭《まつ》りを見《み》て、**血《ち》わき肉《にく》おどる**思《おも》いがした。

類語 **血《ち》がさわぐ**。

バーゲン
ギャー
血《ち》わき肉《にく》おどるわ!!
ただ今《いま》よりさらに半額《はんがく》
しりの肉《にく》もおどってるぞ
ゆっさ
ゆっさ

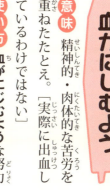

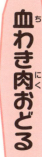

鳥《とり》はだが立《た》つ

意味 (寒《さむ》さや恐怖《きょうふ》などから)はだがぶつぶつになる。

使い方 おばけ屋敷《やしき》でとつぜん後《うし》ろから肩《かた》を押《お》され、**鳥《とり》はだが立《た》って**しまった。

類語 **身《み》の毛《け》がよだつ**。

寒《さむ》くって 鳥《とり》はだが 立《た》ってる〜
オレの愛《あい》で 温《あたた》めてやるさ
鳥《とり》はだが 立《た》つような くさい セリフだ

ひとはだ脱《ぬ》ぐ

意味 (見返《みかえ》りを求《もと》めることなく)本気《ほんき》で手助《てだす》けする。

使い方 「しん様《さま》がお困《こま》りなら、**ひとはだ脱《ぬ》ぎますわ**」と、あいちゃんは飛行機《ひこうき》でやって来《き》た。

類語 **手《て》を貸《か》す**。

ゲージツのため
バッ
ひとはだ脱《ぬ》ぐ!!

骨身《ほねみ》をおしまず

意味 苦労《くろう》やめんどうをいやがらず。

使い方 先生《せんせい》は、上手《じょうず》ななわとびのとび方《かた》を**骨身《ほねみ》をおしまず**教《おし》えてくれた。

骨身《ほねみ》をおしまず 働《はたら》いてるね 親方《おやかた》
仕事《しごと》にも恋《こい》にも 骨身《ほねみ》をおしむな! だって
デレ〜
こんにちは

身《み》に余《あま》る

意味 ふさわしい程度《ていど》をこえている。

使い方 「おほめのお言葉《ことば》、**身《み》に余《あま》る光栄《こうえい》です**」と、家臣《かしん》は王《おう》の前《まえ》で深々《ふかぶか》と頭《あたま》を下《さ》げた。

類語 **身《み》に過《す》ぎる**。

よしい先生《せんせい》のサインをもらえて身《み》に余《あま》る光栄《こうえい》です!!
失礼なヤツだ!!
オラはV6《ブイシックス》がいいゾ〜!
サインちょう
よしい

身《み》の毛《け》がよだつ

意味 (きょうふで)全身《ぜんしん》の毛《け》が立《た》つようにぞっとする。

使い方 夏休《なつやす》みの夜《よる》、**身《み》の毛《け》がよだつ**ような怪談話《かいだんばなし》を聞《き》かされ、トイレに行《い》けなくなった。

類語 **鳥《とり》はだが立《た》つ**。

出《で》たぁ〜!!
ギャアア
うっ!!
母《かあ》ちゃんの方《ほう》がこわい!!

身《み》を粉《こ》にする

意味 とても苦労《くろう》する。「「体《からだ》を粉々《こなごな》にするくらい」という意味《いみ》から」

使い方 家族《かぞく》のために、ひろしは毎日《まいにち》**身《み》を粉《こ》にして**働《はたら》いている。

類語 **身《み》をけずる**。

八百長《やおちょう》
らっしゃい らっしゃい
小《ちい》さい店《みせ》でも客《きゃく》が来《き》てくれる
身《み》を粉《こ》にして働《はたら》いたからよ
私《わたし》の方《ほう》が細《ほそ》いわよ
みさえより細《ほそ》いぞ

気《き》が置《お》けない

意味 気《き》をつかわずにすむ。

使い方 マサオくん、ボーちゃん、カザマくん、ネネちゃん、あいちゃんは、しんちゃんには**気《き》が置《お》けない**友《とも》だちだ。

由来 「気《き》（心配《しんぱい》）を相手《あいて》に置《お》く」、すなわち相手《あいて》を心配《しんぱい》することを「気《き》が置《お》かれる」とした、その否定形《ひていけい》から。

「気《き》がねする」の意味《いみ》で使《つか》うのは、まちがいよ。「仲《なか》よしの」と覚《おぼ》えてもいいわよ。

マスター いつものね
あいよ ウーロンハイの アルコール 抜《ぬ》きね
オラも いつものね
すまねえが ぼうやの いつものって 何《なん》だっけ？
とうふ
やきとり
モロキュー
まめ
生《なま》ビー
やだなぁ 忘《わす》れちゃったの？ オラたちは 気《き》が置《お》けない 仲《なか》だろう
あれ オレたち 初対面《しょたいめん》だろう
なるほど！ そーいや そーだね
わっはっは はっはっは
どっ

気《き》が気《き》でない

意味 気《き》がかりで落《お》ち着《つ》かない。

使い方 教《おし》えたお店《みせ》に、しんちゃんは一人《ひとり》で行《い》けたかしら……。交通事故《こうつうじこ》にあったりしてはいないかしら……。初《はじ》めてのおつかいをたのんだしんちゃんが帰《かえ》ってくるまで、みさえとひろしは**気《き》が気《き》でなかった**。

ポイント 悪《わる》い結果《けっか》を心配《しんぱい》して使《つか》う場合《ばあい》が多《おお》い。

類語 **気《き》がもめる**。［もめる＝いらいらする］ ⬇バスがおくれて、気《き》がもめた。

アイ アム ア ボーイ…
ブツ ブツ
むずかしい えいご テキスト
ABC
カザマくん 紙《かみ》ヒコーキで 遊《あそ》ぼうよ
今日《きょう》 英語《えいご》の テストなんだ 初《はじ》めてだから もう **気《き》が気《き》で なくって**
ああ… あれは 大変《たいへん》だよね
オラも昨日《きのう》 ハガキ 入《い》れたよ
しっ しっ
それは テストじゃ なくて **ポスト**だろ! じゃましないで
ほれ
ユーアー アガール
? どこ 行《い》った?
グサ

心《こころ》を鬼《おに》にする

意味 （相手《あいて》のために）わざと厳《きび》しくふるまう。

使い方 「お部屋《へや》をかたづけておきなさい」。みさえが口《くち》やかましく言《い》うのは、大人《おとな》になったしんちゃんに、整理整《せいりせい》とんされた部屋《へや》で暮《く》らしてほしいから。**心《こころ》を鬼《おに》にして**言《い》っているのだ。

ポイント 目上《めうえ》の者《もの》や教育者《きょういくしゃ》が子《こ》ども・教《おし》え子《ご》の将来《しょうらい》のためにふるまう場合《ばあい》や、スポーツの指《し》導者《どうしゃ》が選手《せんしゅ》の技術向上《ぎじゅつこうじょう》のためにふるまう場合《ばあい》に使《つか》うことが多《おお》い。

ピーマンちゃんと食《た》べなさい
言《い》うこときかないなら
やだ！
ばたんっ
食《た》べ終《お》わるまで家《いえ》に入《い》れません
え〜〜っ!?
母《かあ》ちゃんはオラのことをきらいなの？
ちがうわ！あなたのために心《こころ》を鬼《おに》にして…
はっ
だだだっ
ばたんっ
ち
その手《て》にのるか

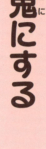

我《われ》を忘《わす》れる

意味 こうふんして正《ただ》しい判断《はんだん》ができなくなる。

使い方 めずらしい色《いろ》の石《いし》を見《み》つけたボーちゃんは「ほかにもきっとあるはず！」と**我《われ》を忘《わす》れて**、まわりをさがしだした。

類語 **上《うわ》の空《そら》**（159ページ）。

この慣用句《かんようく》も覚《おぼ》えよう

●我《われ》に返《かえ》る＝正気《しょうき》をとりもどす。

⬇そうなんしかけた雪山《ゆきやま》であまりの寒《さむ》さにねむくなったが、肩《かた》をゆすられ我《われ》に返《かえ》った。

●我《われ》も我《われ》もと＝多《おお》くの人《ひと》が先《さき》を争《あらそ》う様子《ようす》。⬇デパートのバーゲン会場《かいじょう》には、我《われ》も我《われ》もと多《おお》くの人《ひと》がつめかけていた。

うーん 心《こころ》が落《お》ち着《つ》くわ
白《しろ》へびさんはニョーロニョーロ♪
とぐろを巻《ま》いたら？
白《しろ》うんちー♪
いえい♪
何《なに》をやらすかーっ
我《われ》を忘《わす》れてノッてしまった…

我《が》が強《つよ》い

意味 他人《たにん》の意見《いけん》に従《したが》わない性《せい》格《かく》。わがまま。

使い方 **我《が》が強《つよ》い**ひまわりの性《せい》格《かく》は、みさえとひろしのどちらに似《に》たのか。

自分《じぶん》のだってきかないの
たいの!
ぴぎゃー、
我《が》が強《つよ》いからなぁ

気《き》が多《おお》い

意味 ①いろいろな物《もの》に興味《きょうみ》を持《も》つ。②浮気性《うわきしょう》である。

使い方 ①**気《き》が多《おお》い**のでいろいろな趣味《しゅみ》を持《も》っている。②しんちゃんは**気《き》が多《おお》い**性格《せいかく》だ。

しナちゃん ユミちゃん …今度《こんど》は オラ♥
ポッ
カザマくんって 気《き》が多《おお》いんだから〜
!!

気《き》を配《くば》る

意味 ①まわりの気持《きも》ちに配慮《はいりょ》する。②もれがないよう、注意《ちゅうい》する。

使い方 ①イベントの司会者《しかいしゃ》は各方面《かくほうめん》に**気《き》を配《くば》る**必要《ひつよう》がある。

類語 **気《き》をつかう。**

よしなが先生《せんせい》は 子《こ》どもたちに 気《き》を配《くば》るけど…
先生《せんせい》は顔《かお》 なんですね

心《こころ》がこもる

意味 相手《あいて》を大切《たいせつ》に思《おも》う気持《きも》ちに満《み》ちている。

使い方 **心《こころ》がこもった**しんちゃんとひまわりからのプレゼントに、ひろしはほろりと涙《なみだ》ぐんだ。

類語 **心《こころ》をこめる**。

満点《まんてん》のテスト
100
うさぎちゃん
レアなカード
オラ…
いし
心《こころ》がこもったプレゼントありがとう

心《こころ》ここにあらず

意味 気《き》になることが別《べつ》にあり目《め》の前《まえ》のことに集中《しゅうちゅう》できない。

使い方 明日《あした》は姉《あね》の合格発表《ごうかくはっぴょう》。だから、今日《きょう》の姉《あね》はずっと、**心《こころ》ここにあらず**。なにを聞《き》いても生返事《なまへんじ》だ。

大好《だいす》きよ♥
おおお
心《こころ》ここにあらずだな
たら～
ティッシュ ティッシュ

心《こころ》を許《ゆる》す

意味 油断《ゆだん》する。うちとける。

使い方 彼《かれ》は昔《むかし》、私《わたし》にうそをついた。だから、今《いま》でも**心《こころ》を許《ゆる》して**話《はな》すことができない。

類語 **心《こころ》を開《ひら》く**＝本当《ほんとう》の気持《きも》ちを話《はな》す。

カザマくんがおねしょしたことだれにも言《い》わないよー
くすくす
こいつに**心《こころ》を許《ゆる》した**のがまちがいだった

とっておきメモ

気《き》に関係《かんけい》した慣用句《かんようく》だよ

●**気《き》が利《き》く**＝①**細《こま》かい点《てん》までよく注意《ちゅうい》している。**↓つかれて帰宅《きたく》したみさえにさっとお茶《ちゃ》を出《だ》すなんて。気《き》が利《き》くな、ひろし。
②**しゃれている。粋《いき》である。**↓「あいちゃんに、気《き》が利《き》いたセリフを言《い》いたいんだ」とマサオくんは顔《かお》を赤《あか》らめた。
類語 ①気《き》が回《まわ》る。

●**気《き》が知《し》れない**＝**気持《きも》ちがわからない。**↓春日部《かすかべ》イチのイケメンをふるなんて。上尾先生《あげおせんせい》の気《き》が知《し》れないわ。

●**気《き》が散《ち》る**＝**気持《きも》ちを集中《しゅうちゅう》できない。**↓家計簿《かけいぼ》をつけている私《わたし》の目《め》の前《まえ》をうろちょろしないでね。気《き》が散《ち》って計算《けいさん》をまちがえるから。

●**気《き》が短《みじか》い**＝**せっかちな。**↓人《ひと》の話《はなし》を最後《さいご》まで聞《き》けない、気《き》が短《みじか》い子《こ》がいると、学級会《がっきゅうかい》はうまく進《すす》まない。
反対語 気《き》が長《なが》い。

●**気《き》に入《い》る**＝**好《この》みや趣味《しゅみ》に合《あ》う。**［「はいる」とは読《よ》まない］↓「全《ぜん》部《ぶ》、気《き》に入《い》りましたワン。お会計《かいけい》してくださる？」と、あいちゃんはワンピースを30着《ちゃく》ほど手《て》にとった。

●**気《き》にかかる**＝**心《こころ》にひっかかる。心配《しんぱい》する。**↓しんちゃんは、どんな大人《おとな》になるんだろう。だれもが気《き》にかかるところだ。
類語 気《き》になる。気《き》にかける。

●**気《き》に病《や》む**＝**思《おも》い悩《なや》む。**↓1週間《しゅうかん》前《まえ》の失敗《しっぱい》を、まだ気《き》に病《や》んでいるの？　気分《きぶん》を変《か》えて、いっしょに遊《あそ》ぼうよ。
反対語 気《き》が晴《は》れる。

息《いき》を殺《ころ》す

意味 （自分《じぶん》がいることを相手《あいて》に気《き》づかれないように）物音《ものおと》を立《た》てずにじっとしている。

使い方 しんちゃんは**息《いき》を殺《ころ》して**かくれていた。これで見《み》つかれば、3回連続《かいれんぞく》でかくれんぼのオニになってしまうのだ。

類語 **息《いき》をこらす**。**息《いき》をつめる**。

この慣用句《かんようく》も覚《おぼ》えよう

●息《いき》を合《あ》わせる＝動《うご》きと気持《きも》ちを合《あ》わせる。⬇二人《ふたり》は息《いき》を合《あ》わせて、二人三脚《ににんさんきゃく》で走《はし》った。

●息《いき》をのむ＝息《いき》を止《と》めるほどおどろいたり感動《かんどう》したりするたとえ。⬇ひろしは「あっ」と息《いき》をのんだ。旅先《たびさき》でぐうぜん、初恋《はつこい》の人《ひと》に会《あ》ったのだ。

酢乙女《すおとめ》あいのボディーガード黒磯《くろいそ》
ひいいい～
みんなこわがっています目立《めだ》たぬよう息《いき》を殺《ころ》してガードしなさい
はい
じょー
……

あうんの呼吸《こきゅう》

意味 （二人《ふたり》の）気持《きも》ちが通《つう》じ合《あ》っている様子《ようす》。［阿《あ》＝はく息《いき》、吽《うん》＝吸《す》う息《いき》］

使い方 二人《ふたり》の板前《いたまえ》は**あうんの呼吸《こきゅう》**で次々《つぎつぎ》に料理《りょうり》を完成《かんせい》させた。

ザッ
ザッ
ミッチー♥
ヨシりん♥
あうんの呼吸《こきゅう》ね！

息《いき》が長《なが》い

意味 ①何年《なんねん》も続《つづ》く。長期《ちょうき》。②長《なが》く売《う》れている。

使い方 ①**息《いき》が長《なが》い**ボランティア活動《かつどう》が必要《ひつよう》だ。②これは30年《ねん》も売《う》れている**息《いき》が長《なが》い**商品《しょうひん》だ。

類語 **息《いき》の長《なが》い**。

「クレヨンしんちゃん」は1990年《ねん》に始《はじ》まった
息《いき》が長《なが》いまんがだ！
たいの
オラのおかげ〜

ひと息《いき》入《い》れる

意味 少《すこ》し休《やす》む。

使い方 「**ひと息《いき》入《い》れ**たら？」。家《いえ》で仕事《しごと》をするひろしに、みさえがお茶《ちゃ》をいれた。

類語 **ひと息《いき》つく**。**息《いき》ぬきをする**。

おかたづけ終《お》わってないじゃない‼
ひと息《いき》入《い》れなきゃ
たいなー
おもち

猫《ねこ》もしゃくしも

猫《ねこ》もしゃくしも スマホ スマホ！
でも ポーズは とるよね
パシャ

虫《むし》がいい

君《きみ》の ために 育《そだ》てた 花《はな》さ♥
きれい
ありがとう
私《わたし》が育《そだ》てた のに…
虫《むし》がいいヤツ

竹《たけ》を割《わ》ったよう

流派《りゅうは》は 関係《かんけい》 ない
だれでも けいこに 来《き》なさい
割《わ》れてたぞ
竹《たけ》を割《わ》った ような性格《せいかく》だ
自分流

馬《うま》、牛《うし》、狐《きつね》、うり、花《はな》、いも、……。
動物《どうぶつ》や植物《しょくぶつ》に関係《かんけい》した慣用句《かんようく》もたくさんあります。

2章《しょう》 生《い》き物《もの》に関係《かんけい》する慣用句《かんようく》

生《い》き馬《うま》の目《め》をぬく

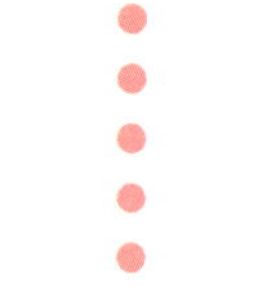

意味 油断《ゆだん》していると、だしぬかれるたとえ。

使い方 **生《い》き馬《うま》の目《め》をぬく**ような都会《とかい》のくらしより、のんびりとした田舎《いなか》ぐらしの方《ほう》がいい。

ポイント 「生《い》きている馬《うま》の目《め》をぬきとるほどのすばやさ」をたとえにした。

類語 **ぬけ目《め》がない**。

参考 **油断大敵《ゆだんたいてき》**＝油断《ゆだん》は失敗《しっぱい》のもとになる大《おお》きな敵《てき》。だから油断《ゆだん》してはいけない。⬇9回裏2《かいうらツー》アウト。守《まも》りきれば勝《か》てる。だが、油断大敵《ゆだんたいてき》だ。

オレが先《さき》だ
ボクの方《ほう》が早《はや》かったです
共同《きょうどう》トイレ
どたばた
どたばた
たのむ 限界《げんかい》なんだ 先《さき》に入《い》れてくれ！
ボクだって！ じゃあ ジャンケンで決《き》めましょう
もじもじ
ジャーンケン…
あ…
ちゃっ
バタンッ
だーっ
ずるいぞ しんのすけ オレたちが先《さき》だろ
だんっだんっ
だんっ
共同《きょうどう》トイレ
生《い》き馬《うま》の目《め》をぬくような おそろしいアパートだな

馬《うま》が合《あ》う

意味 相手《あいて》と気性《きしょう》が合《あ》う。

使い方 二人《ふたり》はよくけんかをするから、**馬《うま》が合《あ》う**わけではない。でも、いつも一緒《いっしょ》だから、いい友《とも》だちなんだ。

由来 馬《うま》と乗《の》り手《て》の息《いき》が合《あ》うと、じょうずに馬《うま》に乗《の》れることから。

類語 **気《き》が合《あ》う**。

参考 **反《そ》りが合《あ》わない**＝考《かんが》え方《かた》や性格《せいかく》がちがう。［刀《かたな》とさやの形《かたち》（反《そ》り）が合《あ》わない様子《ようす》から］

⬇反《そ》りが合《あ》わない人《ひと》とチームを組《く》むと苦労《くろう》する。

チョビひげ～
のり
こら！ 食《た》べ物《もの》で遊《あそ》んではいかんたい！ 秋田《あきた》のじいさんみたいなダメな大人《おとな》になるぞ
秋田《あきた》のじいさん
ワシがどうかしたかの？
わーっ
ドキッ
いつの間《ま》に…!?
なぜかこいつとは**馬《うま》が合《あ》わん**
しんのすけのいたずらをしかってたとこたい
どこにかくれとったんですかっ
ほうほう
チョビひげ～
イラ イラ
それと同《おな》じことをしたからしかったとです

尾《お》ひれを付《つ》ける

意味 （事実《じじつ》ではないことを加《くわ》えて）話《はなし》を大《おお》げさにする。

使い方 歌手《かしゅ》になりたいと話《はな》したら、友《とも》だちから「デビューしたの？」と言《い》われた。みんな、**尾《お》ひれを付《つ》けて**話《はな》しすぎよ。

由来 尾《お》、ひれはともに魚《さかな》の体《からだ》の一部《いちぶ》。本体《ほんたい》（事実《じじつ》）に付《つ》いた余分《よぶん》な物《もの》のたとえとして使《つか》われている。

参考 **尾《お》ひれが付《つ》く**ともいう。

類語 **針小棒大《しんしょうぼうだい》**＝（針《はり》のように）小《ちい》さいことを（棒《ぼう》のように）大《おお》げさに言《い》うたとえ。⬇何《なん》でも針小棒大《しんしょうぼうだい》に言《い》いふらすんだから。

先日《せんじつ》のお見合《みあ》いことわったんですって？
ええ 食事《しょくじ》には行《い》ったんですが…
聞《き》いて 聞《き》いて
まつざか先生《せんせい》がお見合《みあ》いしてね…
へぇー そうなんだ
実《じつ》はね
えーっ マジ？
なるほど まつざか先生《せんせい》が…
お見合《みあ》いでよっぱらっておしりでダンスをおどったらしいよ
へぇーっ
話《はなし》に尾《お》ひれを付《つ》けすぎだって！

狐《きつね》と狸《たぬき》の化《ば》かし合《あ》い

意味 ずるがしこい者《もの》どおしが、だましあうたとえ。

使い方 国際政治《こくさいせいじ》は、**狐《きつね》と狸《たぬき》の化《ば》かし合《あ》い**。相手《あいて》の言葉《ことば》をそのまま信《しん》じてはいけない。

ポイント 狐《きつね》は、ずるがしこい人《ひと》のたとえ。狸《たぬき》は、人前《ひとまえ》では善良《ぜんりょう》だが、本当《ほんとう》はずるがしこい人《ひと》のたとえ。

参考 **狸《たぬき》寝《ね》入《い》り**＝寝《ね》ているふり。➡狸《たぬき》寝《ね》入《い》りをしながら、こそこそ話《ばなし》に聞《き》き耳《みみ》を立《た》てた。

私《わたし》はグーをだすから あなたはパーを 出《だ》しなさいよ
ホホホ
だったら チョキを出《だ》すわよ
勝《か》ちをゆずると 言《い》ってるのに
フフフ…
ヒヒヒ…
あなたが本当《ほんとう》にグーを 出《だ》すとは思《おも》えないもの
まるで狐《きつね》と狸《たぬき》の化《ば》かし合《あ》いね
やれやれ
何《なに》ごとですか？
最後《さいご》の一《ひと》つをどっちが 取《と》るか決《き》めようとして
むきに なっちゃって
ガクッ
まんじゅう

狐《きつね》につままれる

意味 わけがわからずぽかんとする様子《ようす》。

使い方 マジシャンの手元《てもと》から、カードが消《き》えた。客《きゃく》はみな、**狐《きつね》につままれた**ような顔《かお》をしていた。

由来 狐《きつね》は人《ひと》を化《ば》かす（だます）という言《い》い伝《つた》えから。

ぬぎ
着《き》
たたみ
テキパキ
テキパキ
えっ⁉
しんのすけの様子《ようす》がおかしい？
とってもいい子《こ》なの 自分《じぶん》で脱《ぬ》ぎ着《き》して ひとりでたたんで
パクパク
もしゃもしゃ
きりっ
本当《ほんとう》だ ふつうに朝《あさ》めし食《く》ってる
でしょ？ おしりもぜんぜん出《だ》さないし
ごちそうさま
カチャ…
あれはもしや おかたづけという行為《こうい》では⁉
私《わたし》たち **狐《きつね》に つままれて** いるのよ～

くもの子《こ》を散《ち》らす

意味 大勢《おおぜい》の人《ひと》がバラバラに逃《に》げる様子《ようす》。

使い方 「こらー、何《なに》やってるの!?」というまつざか先生《せんせい》の大《おお》声《ごえ》で、かべに落書《らくが》きをしていた子《こ》どもたちは「わー」と言《い》いながら、**くもの子《こ》を散《ち》らす**ように逃《に》げだした。

由来 くもの子《こ》が入《はい》った袋《ふくろ》が破《やぶ》れると、くもの子《こ》がバラバラに逃《に》げだすとされるから。

ポイント 後《うし》ろに「逃《に》げだす」「走《はし》りだす」などがつくことが多《おお》い。

かすかべ防衛隊《ぼうえいたい》今日《きょう》の活動《かつどう》は
リーダーのカザマです
オラは隊長《たいちょう》
キャプテンさ
女王《じょおう》さまよ
ボス
公園《こうえん》でカンけりをやろーー!
カンけり
カン
ボ
おー!
ゴン
あっ
えっ
くもの子《こ》を散《ち》らすように逃《に》げて
1分《ぶん》で終《お》わった
ワン
ワン
ワン

犬猿《けんえん》の仲《なか》

意味 とても仲《なか》が悪《わる》い様子《ようす》。

使い方 ネネちゃんとあいちゃんは**犬猿《けんえん》の仲《なか》**だ。いつもライバル心《しん》を持《も》っている。

由来 犬《いぬ》と猿《さる》は仲《なか》が悪《わる》いという言《い》い伝《つた》えから。

参考 **水《みず》と油《あぶら》**＝たがいに調和《ちょうわ》しない性質《せいしつ》のたとえ。［同《おな》じ容器《ようき》に入《い》れてかきまぜても分離《ぶんり》してしまう、水《みず》と油《あぶら》の様子《ようす》から］↓

運動会《うんどうかい》の二人三脚《ににんさんきゃく》で転《ころ》んで以《い》来《らい》、あの二人《ふたり》はずっと仲《なか》が悪《わる》い。まさに水《みず》と油《あぶら》だ。

豚《ぶた》に真珠《しんじゅ》＝価値《かち》がわからなければ、貴重《きちょう》なものも無意味《むいみ》である。

野原《のはら》さん相変《あいか》わらずジミなかっこうですわね
宇集院《うじゅういん》さんこそいつもムダにハデですわね
やはり本物《ほんもの》を身《み》に着《つ》けないと
大切《たいせつ》なのは中身《なかみ》よねぇ
庶民《しょみん》のくせに!!
成《な》り金《きん》のくせに!!
これが犬猿《けんえん》の仲《なか》!
子《こ》どもは正直《しょうじき》ねぇ
その首飾《くびかざ》りが豚《ぶた》に真珠《しんじゅ》ですか?
ほめ言葉《ことば》と思《おも》っている

しっぽを出《だ》す

意味 うそや悪事《あくじ》が明《あき》らかになるたとえ。

使い方 姉《あね》はうそをついても、すぐに**しっぽを出《だ》して**しまう。うそを言《い》うと、右手《みぎて》で頭《あたま》をかくくせがあり、本人《ほんにん》以外《いがい》はみなそれを知《し》っているからだ。

由来 狐《きつね》や狸《たぬき》が人《ひと》をだましても、しっぽをかくしきれずに正体《しょうたい》を見破《みやぶ》られるという言《い》い伝《つた》えから。

類語 **ぼろが出《で》る**（204ページ）。**化《ば》けの皮《かわ》がはがれる**。**馬脚《ばきゃく》をあらわす**。

怪盗《かいとう》キャットに宝石《ほうせき》をぬすまれた
ニセモノです！ご安心《あんしん》を
なぜそれを知《し》っているんだ？
えっ!?
それを知《し》るのは私《わたし》だけだキサマがキャットか？
しっぽを出《だ》したな!!
バレたら仕方《しかた》ない
にげなくちゃね
かわいい
オラも連《つ》れていって〜

雀《すずめ》の涙《なみだ》

意味 金額《きんがく》、量《りょう》がとても少《すく》ないことのたとえ。

使い方 今年《ことし》は会社《かいしゃ》の業績《ぎょうせき》が悪《わる》かったので、ボーナスは**雀《すずめ》の涙《なみだ》**ほどしか支給《しきゅう》されなかった。

参考 **鬼《おに》の目《め》にも涙《なみだ》**＝ふだんはきびしい人《ひと》も、時《とき》には人《ひと》の情《なさ》けを持《も》ち、涙《なみだ》を流《なが》すというたとえ。

⬇優勝《ゆうしょう》の瞬間《しゅんかん》、あの鬼《おに》コーチが泣《な》いた。まさに鬼《おに》の目《め》にも涙《なみだ》だ。

言葉遊《ことばあそ》びでできた慣用句《かんようく》

いつも同《おな》じ服《ふく》を着《き》ている人《ひと》を指《さ》す「着《き》た切《き》り雀《すずめ》」は、昔話《むかしばなし》「舌切《したき》り雀《すずめ》」をもじった慣用句《かんようく》です。言葉遊《ことばあそ》びからできた慣用句《かんようく》はほかにもあります。150ページの「梨《なし》のつぶて」は、「返事《へんじ》が無《な》い」の「無《な》し」と発音《はつおん》が同《おな》じ「梨《なし》」という漢字《かんじ》をあてた慣用句《かんようく》です。

植木《うえき》の手入《てい》れ
いやぁ～ん
犬小屋《いぬごや》の修理《しゅうり》
よし
子守《こも》りに汗《あせ》を流《なが》して
今月《こんげつ》はこづかいアップよ
…と言《い》っても
雀《すずめ》の涙《なみだ》だが…
父《とう》ちゃんの涙《なみだ》くらい多《おお》いといいね

羽《はね》をのばす

意味 （きゅうくつな環境《かんきょう》から解放《かいほう》され）のびのびと自由《じゆう》にふるまう。

使い方 「お正月《しょうがつ》は家事《かじ》から解《かい》放《ほう》されてゆっくりと**羽《はね》をのばせたのよ**」と、みさえが友《とも》だちにうれしそうに話《はな》した。

参考 **命《いのち》の洗濯《せんたく》をする**＝気晴《きば》らしをする。⬇この3連休《れんきゅう》は海《うみ》で泳《およ》いでキャンプを楽《たの》しみ、命《いのち》の洗濯《せんたく》ができた。

ママ出《で》かけるけどちゃんと勉強《べんきょう》していてね
ハイ
いってらっしゃい
じゅくは休《やす》みだし
羽《はね》をのばしちゃお
ゲームをやったり
コスプレも…
ピンポーン
あっ
一緒《いっしょ》に羽《はね》をのばそ
つるだぞ
またじゃまなヤツが…

いたちごっこ

意味 同《おな》じようなことのくりかえし。

使い方 インターネットでニセモノを売《う》る犯罪《はんざい》グループの摘発《てきはつ》は、まさに警察《けいさつ》と犯罪《はんざい》グループの**いたちごっこ**だ。

刈《か》っても刈《か》っても生《は》えてくる
大《おお》きくなあれ
いたちごっこね

牛《うし》の歩《あゆ》み

意味 進《すす》み方《かた》がおそい様子《ようす》。

使い方 行列《ぎょうれつ》は**牛《うし》の歩《あゆ》み**。なかなか店《みせ》に入《はい》れない。

参考 **牛歩戦術《ぎゅうほせんじゅつ》**＝議会《ぎかい》で審議時《しんぎじ》間《かん》を長《なが》くするために、わざとのろのろ行動《こうどう》する方法《ほうほう》。

おかたづけしなさい!
ソロ～
ピーマン残《のこ》さない!
ボー
ちこくするわよ!
しんのすけの成長《せいちょう》は**牛《うし》の歩《あゆ》み**ね…

うなぎ上《のぼ》り

意味 ①（気温《きおん》、物価《ぶっか》、成績《せいせき》、人気《にんき》が）どんどん上昇《じょうしょう》する。②急《きゅう》に増《ふ》えるたとえ。

使い方 ①気温《きおん》は**うなぎ上《のぼ》り**で30度《ど》をこえた。②契約件数《けいやくけんすう》は**うなぎ上《のぼ》り**で増《ふ》えつづけた。

前回《ぜんかい》30位《い》から今回《こんかい》が3位《い》
成績《せいせき》が**うなぎ上《のぼ》り**ね!
成績《せいせき》
1
2
3 風間《かざま》トオル
4
5
カザマくんのホンネは
どや

うのみにする

意味 （理解《りかい》せず）相手《あいて》の言《い》うままに受《う》け入《い》れる。［魚《さかな》をかまずに飲《の》みこむ鵜《う》という鳥《とり》の習性《しゅうせい》から（下記《かき》）］

使い方 彼《かれ》のセリフを**うのみにして**はダメ。半分《はんぶん》はうそよ。

トオルちゃんおねしょしたの
ほんとだ!
はずかしい〜
おねしょ
うのみにするなー!!

鵜飼《うか》いを知《し》ってる?

魚《さかな》を丸《まる》ごと飲《の》みこむ鵜《う》という水鳥《みずとり》を利用《りよう》した漁法《ぎょほう》があるよ。魚《さかな》をとちゅうまで飲《の》みこんだ鵜《う》の口《くち》から、人《ひと》が魚《さかな》を上手《じょうず》にとりだすんだ。岐阜県《ぎふけん》の長良川《ながらがわ》などで行《おこな》われているよ。

おうむ返《がえ》し

意味 相手《あいて》の言《い》ったとおりに言《い》い返《かえ》す。

使い方 先生《せんせい》が「二一《にいち》が二《に》、二《に》二《に》んが四《し》」と言《い》うと、みんなも「二一《にいち》が二《に》、二二《にに》んが四《し》」と**おうむ返し**に唱《とな》えた。

野原《のはら》さんみたいなおじさんでなくてよかったでしょ
野原《のはら》さんみたいなおじさんでなくてよかったわ
ミッチ ねぇ
いっそ別《わか》れちまえ!
ねぇヨシりん

尾《お》を引《ひ》く

意味 （終《お》わった物事《ものごと》の）影響《えいきょう》が残《のこ》っている。

使い方 A《エー》国《こく》とB《ビー》国《こく》は、60年前《ねんまえ》に戦争《せんそう》をした。この歴史《れきし》が今《いま》も**尾《お》を引《ひ》いて**いる。

類語 **後《あと》を引《ひ》く**。

借《か》りてきた猫《ねこ》

意味 （いつもと違《ちが》う）おとなしくかしこまった様子《ようす》。

使い方 よくしゃべるあの人《ひと》も、社長《しゃちょう》の前《まえ》では、まるで**借《か》りてきた猫《ねこ》**のようにおとなしくなった。

けんもほろろ

意味 冷淡《れいたん》に断《ことわ》る様子《ようす》。「けん、ほろろはきじ（鳥《とり》）の鳴《な》き声《ごえ》」

使い方 あこがれのあの人《ひと》に交際《こうさい》を申《もう》しこんだが、**けんもほろろ**に断《ことわ》られた。

類語 **取《と》り付《つ》く島《しま》がない**。

さばを読《よ》む

意味 （都合《つごう》のいいように）数《かず》をごまかす。［くさりやすいさばは魚市場《うおいちば》でごまかして数《かぞ》えられたという言《い》い伝《つた》えから］

使い方 31才《さい》なのに21才《さい》なんて、**さばを読《よ》み**すぎだよ。

いくつですか？
23です
また年《とし》のさばを読《よ》んで
くつのサイズよ！

しっぽを巻《ま》く

意味 あっさり降参《こうさん》する。［しっぽを後《うし》ろ足《あし》の間《あいだ》に巻《ま》きこんで逃《に》げる負《ま》け犬《いぬ》の様子《ようす》から］

使い方 ここで**しっぽを巻《ま》いて**逃《に》げたら、本当《ほんとう》の負《ま》け犬《いぬ》だ。

類語 **背中《せなか》を見《み》せる**。

チュー♥しようとしたら…
チュ～
あん
しっぽを巻《ま》いて逃《に》げるはずだよ

尻馬《しりうま》に乗《の》る

意味 他人《たにん》の意見《いけん》に便乗《びんじょう》して行動《こうどう》する。［尻馬《しりうま》は、二人《ふたり》で馬《うま》に乗《の》るとき、後《うし》ろに乗《の》る様子《ようす》］

使い方 いじめっ子《こ》の**尻馬《しりうま》に乗《の》って**いっしょにいじめるなんて、だめよ。

新《あたら》しいスーツがほしい!!
オラは新《あたら》しい母《かあ》ちゃんがほしい!!
尻馬《しりうま》に乗《の》るんじゃない！

鶴《つる》の一声《ひとこえ》

意味 絶対的《ぜったいてき》な実力者《じつりょくしゃ》の指示《しじ》。［鶴《つる》のかん高《だか》い鳴《な》き声《ごえ》は周囲《しゅうい》によく通《とお》ることから］

使い方 いろいろな意見《いけん》が出《で》たが、最後《さいご》は社長《しゃちょう》の**鶴《つる》の一声《ひとこえ》**で決《き》まってしまった。

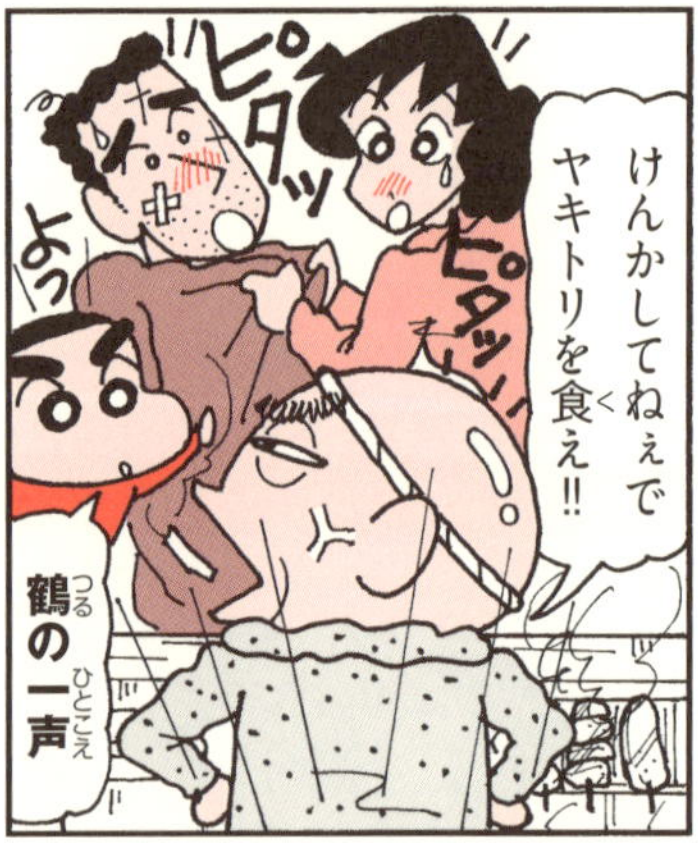
けんかしてねぇでヤキトリを食《く》え!!
ピタッ
ピタッ!!
ピタッ!!
よっ
鶴《つる》の一声《ひとこえ》

とどのつまり

意味 要《よう》するに。［とど＝ぼらという※出世魚《しゅっせうお》の最後《さいご》の名《な》。「最後《さいご》」のたとえにされる］

使い方 **とどのつまり、**なにかの理由《りゆう》をつけて、サボりたいのね。

とどのつまり
頭《あたま》が重《おも》くて
ぽっこり
おなかの子が
こしがいたくて
四十肩《しじゅうかた》で…
しりがわれて
シロの散歩《さんぽ》がいやなんでしょ？

※＝成長《せいちょう》につれて、はく、すばしり、いな、ぼら、とどの順《じゅん》で名《な》が変《か》わる。

猫《ねこ》の手《て》も借《か》りたい

意味 忙《いそが》しくて大変《たいへん》な様子《ようす》。［役《やく》に立《た》つはずのない猫《ねこ》に手助《てだす》けしてもらいたいほど］

使い方 年末《ねんまつ》は毎年《まいとし》、**猫《ねこ》の手《て》も借《か》りたい**ほど忙《いそが》しい。

類語 **目《め》が回《まわ》る。**

大《おお》そうじで猫《ねこ》の手《て》も借《か》りたい忙《いそが》しさなのに！
そうじは
面《めん》
胴《どう》
めんどう

猫《ねこ》の目《め》のよう

意味 変化《へんか》しやすいたとえ。[猫《ねこ》のひとみの大《おお》きさは明《あか》るさで変《か》わることから（下記《かき》）]

使い方 今《いま》の首相《しゅしょう》は、**猫《ねこ》の目《め》のよう**に発言《はつげん》をコロコロ変《か》える。

ポイント 悪《わる》い意味《いみ》で使《つか》う。

かくれて
あいちゃんの命令《めいれい》は……
着替《きが》えを
かさを
猫《ねこ》の目《め》のように変《か》わるね

黒目《くろめ》の大《おお》きさは明《あか》るさで変《か》わる

動物《どうぶつ》の黒目《くろめ》は、目《め》に入《はい》ってくる光《ひかり》の量《りょう》を調整《ちょうせい》するために大《おお》きくなったり小《ちい》さくなったりします。猫《ねこ》の目《め》は特《とく》にその変化《へんか》がわかりやすいので、慣用句《かんようく》に使《つか》われるようになったのかな。

明《あか》るいと小《ちい》さい
暗《くら》いと大《おお》きい

猫《ねこ》もしゃくしも

意味 どんな人《ひと》も。だれでも。[しゃくし＝しゃもじ]

使い方 **猫《ねこ》もしゃくしも**スマートフォンを持《も》つ時代《じだい》になった。

ポイント みんながまねすることを批判《ひはん》する視点《してん》で使《つか》う。

猫《ねこ》もしゃくしもスマホスマホ！
でもポーズはとるよね
パシャ
あ、つい…

羽《は》ぶりがいい

意味 勢《いきお》いがある。気前《きまえ》がよい。
[羽《は》ぶり＝①鳥《とり》の羽《は》ばたき。②社会的《しゃかいてき》な地位《ちい》や勢力《せいりょく》]

使い方 ひろしは、秘書《ひしょ》つき高《こう》級車《きゅうしゃ》に乗《の》り**羽《は》ぶりがいい**実業家《じつぎょうか》になる夢《ゆめ》を見《み》た。

わ〜い
まかせとけ
何《なん》でも買《か》ってやるね
羽《は》ぶりがいいふりしてるけど…
後《あと》で貸《か》してね

袋《ふくろ》のねずみ

意味 逃《に》げ場《ば》がないたとえ。

使い方 港《みなと》につながるこの一本《いっぽん》道《みち》をふさげば、**袋《ふくろ》のねずみ**。犯《はん》人《にん》の逃《に》げ道《みち》はなくなる。

類語 **袋《ふくろ》の中《なか》のねずみ**

すっ
逃《に》げたって袋《ふくろ》のねずみよ
おかたづけはきちんとね
わーっ!!

虫《むし》がいい

意味 身勝手《みがって》な様子《ようす》。[昔《むかし》は、体《からだ》の中《なか》に感情《かんじょう》や体調《たいちょう》を動《うご》かす虫《むし》がいると信《しん》じられていた]

使い方 自分《じぶん》だけ休《やす》むなんて、**虫《むし》がいい**ことを言《い》わないで。

君《きみ》のために育《そだ》てた花《はな》さ♥
きれい
ありがとう
私《わたし》が育《そだ》てたのに…
虫《むし》がいいヤツ

虫《むし》が知《し》らせる

意味 これから起《お》きるよくないことをなんとなく感《かん》じる。

使い方 **虫《むし》が知《し》らせた**のか、いつもより早《はや》い電車《でんしゃ》で帰《かえ》ったので、事故《じこ》にあわなかった。

類語 **虫《むし》の知《し》らせ**。

いやな夢《ゆめ》を見《み》た
虫《むし》が知《し》らせたのかな

虫《むし》が好《す》かない

意味 なぜか好《す》きになれない。［「虫《むし》が好《す》く」という慣用句《かんようく》はない］

使い方 クラスもクラブ活動《かつどう》も一緒《いっしょ》だけれど、どうも彼《かれ》は**虫《むし》が好《す》かない**んだ。

うらやましいですわん いつも遊《あそ》べて
なんか**虫《むし》が好《す》かない**のよねー

虫《むし》の居所《いどころ》が悪《わる》い

意味 きげんが悪《わる》い。

使い方 今《いま》、まつざか先生《せんせい》に話《はな》しかけちゃダメよ。とっても**虫《むし》の居所《いどころ》が悪《わる》い**んだから。

類語 **ごきげんななめ**。

虫《むし》の居所《いどころ》が悪《わる》いわね
悪《わる》い虫《むし》もつかないな

うり二《ふた》つ

意味 （きょうだいなどで）顔《かお》かたちがよく似《に》ている様子《ようす》。

使い方 「お、この少年《しょうねん》はオラと**うり二《ふた》つ**だ。オラって双子《ふたご》だったっけ？」「鏡《かがみ》に映《うつ》った自分《じぶん》でしょ」。みさえはあきれて、ものが言《い》えなかった。

由来 二《ふた》つに割《わ》ったうり（野菜《やさい》）の切《き》り口《くち》がそっくりなことから。

参考 **蛙《かえる》の子《こ》は蛙《かえる》**＝子《こ》は親《おや》と似《に》た人生《じんせい》を歩《あゆ》むというたとえ。↓お父《とう》さんの後《あと》をついで、大工《だいく》になりたいんですって。蛙《かえる》の子《こ》は蛙《かえる》ね。

なつかしいねえ
ほー
ひろしが赤《あか》んぼうのときの写真《しゃしん》だ
アルバム
赤《あか》んぼうのときのしんのすけと**うり二《ふた》つ**だ
ということは…
ふぁ〜あ
オラもあんなおなかになるの？
ぼて
アルバム

根《ね》ほり葉《は》ほり

意味 細《こま》かいことまで、しつこくたずねる様子《ようす》。

使い方 となりの家《いえ》にどろぼうが入《はい》った。家《いえ》に来《き》た警察官《けいさつかん》に、あやしい人《ひと》を見《み》たり、聞《き》き慣《な》れない音《おと》を聞《き》いたりしなかったか、**根《ね》ほり葉《は》ほり**聞《き》かれた。

参考 根《ね》ほり＝根《ね》をほる。葉《は》ほりは、根《ね》ほりとのごろ合《あ》わせ。

ぬいぐるみは？
きらいじゃないよ
子《こ》どもは？
好《す》きだよ
一緒《いっしょ》に遊《あそ》べる？
遊《あそ》べるよ
明日《あした》は？
ひまだよ
こづかいほしい？
ほしいよ
いっぱいほしい？
そりゃあほしいよ
このバイトをさせるために**根《ね》ほり葉《は》ほり**聞《き》いたんだ？
時給《じきゅう》いいけど一人《ひとり》じゃはずかしいだろ

この慣用句《かんようく》も覚《おぼ》えよう

●**根《ね》が深《ふか》い**＝原因《げんいん》を簡単《かんたん》にとりのぞけない。➡百年前《ひゃくねんまえ》に始《はじ》まる、P国《ピーこく》とQ国《キューこく》の対立《たいりつ》は根《ね》が深《ふか》い問題《もんだい》だ。

●**根《ね》を張《は》る**＝①残《のこ》っている。➡古《ふる》い商習慣《しょうしゅうかん》がいまだに根《ね》を張《は》っている業界《ぎょうかい》も多《おお》い。②落《お》ち着《つ》いてくらす（＝根《ね》を下《お》ろす）。➡この町《まち》に根《ね》を張《は》って、店《みせ》を始《はじ》めたい。

根回《ねまわ》しをする

意味 （交渉《こうしょう》を始《はじ》める前《まえ》に）打《う》ち合《あ》わせておく。

使い方 みさえにカンタムのおもちゃを買《か》ってもらうには、まずひろしに**根回《ねまわ》しをして**おかなくっちゃな。

由来 樹木《じゅもく》を植《う》え替《か》えるさいの準備《じゅんび》として、根《ね》のまわりの土《つち》をほって根《ね》を切《き》ることを「根《ね》を回《まわ》す」と言《い》ったのが始《はじ》まり。根《ね》を回《まわ》すと、細《ほそ》い根《ね》がたくさんでき、うまく植《う》え替《か》えられる。

おゆうぎ会《かい》で主役《しゅやく》をやりたい!!
根回《ねまわ》ししなくちゃ！
主役《しゅやく》をやりたいの
…わかった
賛成《さんせい》して！
女子《じょし》の主役《しゅやく》はネネちゃんでいいですか？
は〜い！
うさぎとかめ
キック用《よう》にいいぬいぐるみね

根《ね》も葉《は》もない

意味 根拠《こんきょ》がない。でたらめの。

使い方 だれが言《い》いだしたのかもわからない、**根《ね》も葉《は》もない**うわさを信《しん》じないでください。

参考 植物《しょくぶつ》は、根《ね》がなければ葉《は》もないことから、元《もと》になる理由《りゆう》や根拠《こんきょ》がないことを表《あらわ》す。

ひそひそ
じ〜
え〜
・・・・
へ〜
ワクワク
ないしょよ
悪《わる》いうわさが流《なが》れてる気《き》がするんだ…
あなたがかつらでモヒカンをかくしているって…
え〜!!
な〜んだ…
根《ね》も葉《は》もないうわさですから

この慣用句《かんようく》も覚《おぼ》えよう

●根《ね》を下《お》ろす＝①定住《ていじゅう》する。⬇日《にっ》本《ぽん》に根《ね》を下《お》ろして30年《ねん》のイギリス人画家《じんがか》の展覧会《てんらんかい》に足《あし》を運《はこ》んだ。②受《う》け入《い》れられている。定着《ていちゃく》している。⬇A《エー》市《し》では、体《からだ》にしょうがいがある人《ひと》を支《ささ》えるボランティア活動《かつどう》が、市民《しみん》の間《あいだ》にしっかり根《ね》を下《お》ろしている。

花《はな》を持《も》たせる

意味 勝《か》ちや手柄《てがら》をゆずる。

使い方 サッカーの試合《しあい》に、マサオくんのお母《かあ》さんが応援《おうえん》に来《き》た。みんなでボールをマサオくんに回《まわ》したら、見事《みごと》なシュートで得点《とくてん》！　マサオくんに**花《はな》を持《も》たせて**あげることができた。

ポイント 相手《あいて》の印象《いんしょう》をよくするために行《おこな》う。

参考 **話《はなし》に花《はな》がさく**＝話《はなし》が楽《たの》しく盛《も》りあがる。↓小学校時代《しょうがっこうじだい》の昔話《むかしばなし》に花《はな》がさいた。

りっぱな家《いえ》ができましたね親方《おやかた》
おー
おまえの力《ちから》だ コージ
えっ
オレなんかまだまだ半人前《はんにんまえ》です
親方《おやかた》が建《た》てたんじゃないの？
ありがとうございました
うん
コージに**花《はな》を持《も》たせ**たのよ
天子《てんこ》さんが来《き》ていたから…
そう
いいとこ見《み》せたかったのよ

道草《みちくさ》を食《く》う

意味 ①より道《みち》をする。
②それまでとちがうことをして時間《じかん》を費《つい》やす。

使い方 ①「しんちゃん。ようち園《えん》からの帰《かえ》りは、**道草《みちくさ》を食《く》っちゃ**だめよ」
②大学時代《だいがくじだい》は1年間《ねんかん》、海外《かいがい》を旅《たび》して**道草《みちくさ》を食《く》った**ので、卒業《そつぎょう》までに5年《ねん》かかった。

由来 昔《むかし》、荷《に》を運《はこ》ぶ馬《うま》が道《みち》ばたの草《くさ》を食《た》べだして、到着《とうちゃく》が遅《おく》れたことから。

参考 「道草《みちくさ》を食《た》べる」とは言《い》わない。

類語 **油《あぶら》を売《う》る**（153ページ）。

今日《きょう》のテスト勉強《べんきょう》してない
がーっ
カザマくん
ばっ
なぜじゅくに行《い》かずに道草《みちくさ》を食《く》っているの？
道草《みちくさ》っておいしい？
行《い》きたくないときもあるんだ!!
そんな姿《すがた》 親《おや》が見《み》たら泣《な》くぞ！
ひとのことが言《い》えるか!?

わらにもすがる

意味 （とても追《お》いつめられ）頼《たよ》れるはずのないものにまで頼《たよ》ろうとする行為《こうい》のたとえ。

使い方 すべての大学《だいがく》に落《お》ちた姉《あね》は、**わらにもすがる**思《おも》いで占《うらな》い師《し》のもとに足《あし》を運《はこ》び、進路《しんろ》を占《うらな》ってもらった。

参考 わら＝稲《いね》のくきを干《ほ》したもの。細《ほそ》く折《お》れやすい。頼《たよ》りにならないもののたとえ。

ポイント 後《あと》に「思《おも》い」「気持《きも》ち」がつくことが多《おお》い。

類語 **わらをもつかむ。**

おなかがすいていた
うつぶせでねている
おっぱいを上《うえ》に向《む》けようとした
よけいに腹《はら》が減《へ》った
シロにあげよ
クッキー
あっ
わらにもすがる思《おも》いのひまわりだった
クッキー

いばらの道《みち》

意味 苦難《くなん》の多《おお》い人生《じんせい》のたとえ。［茨《いばら》＝とげの多《おお》い木《き》］

使い方 店《みせ》を開《ひら》いてからの3年《ねん》間《かん》は、**いばらの道《みち》**を歩《あゆ》んだ。

ポイント 後《あと》に「を歩《あゆ》む」「を進《すす》む」などがつくことが多《おお》い。

ガミガミ
おしおき
夫婦《ふうふ》生活《せいかつ》を続《つづ》けると…
…そだな
いばらの道《みち》が続《つづ》くんだね⁉

いもを洗《あら》うよう

意味 たくさんの人《ひと》でとても混《こん》雑《ざつ》しているたとえ。［おけにどろつきのいもをたくさん入《い》れて洗《あら》う様《よう》子《す》から］

使い方 夏休《なつやす》みのプールは、**いもを洗《あら》うよう**な混雑《こんざつ》ぶりだった。

いもを洗《あら》うような夏休《なつやす》みのプール
ごめんねボク
生《い》きててよかった♥

竹《たけ》を割《わ》ったよう

意味 さっぱりとした気性《きしょう》。［スパッとまっすぐに割《わ》れる竹《たけ》の様《よう》子《す》から］

使い方 **竹《たけ》を割《わ》ったよう**な彼の性格《せいかく》が大好《だいす》きだ。

流派《りゅうは》は関係《かんけい》ない
だれでもけいこに来《き》なさい
割《わ》れてたぞ
竹《たけ》を割《わ》ったような性格《せいかく》だ
自分流
剣道

梨《なし》のつぶて

意味 返事《へんじ》がない。［梨《なし》（果物《くだもの》）は（返事《へんじ》が）無《な》しとのかけ言葉《ことば》。梨《なし》に意味《いみ》はない。つぶて＝小石《こいし》］

使い方 彼《かれ》にはメールを送《おく》り手《て》紙《がみ》も出《だ》したが、いまだ**梨《なし》のつぶて**だ。

おやじに 電話《でんわ》を しても
梨《なし》のつぶて だったのは こういうわけ よ

根《ね》に持《も》つ

意味 うらみを忘《わす》れずにいる。

使い方 2年前《ねんまえ》に注意《ちゅうい》されたことをいまだに**根《ね》に持《も》って**いるなんて、信《しん》じられない。

参考 **うらみを買《か》う**＝他人《たにん》にうらまれる。

帰《かえ》りが2分遅《ふんおそ》く なったことを **根《ね》に持《も》って** 昨日《きのう》から 口《くち》を利《き》いて くれないいんです～!!
ミッチー
どうしよ!!
ヨシりん
大人《おとな》って たいへんだな

やぶから棒《ぼう》

意味 前《まえ》ぶれもなく。［やぶ（しげみ）の向こうから出される棒は予測《よそく》できないことから］

使い方 「ひろし、母《かあ》ちゃんのどこにほれたんだ？」「**やぶから棒《ぼう》**に何《なに》を言《い》うか」

ままごとで 妻《つま》の役《やく》をやりたい!? **やぶから棒《ぼう》**ね
女装《じょそう》に ハマッ たの ー!!

3章《しょう》 その他《た》の慣用句《かんようく》

慣用句《かんようく》には、人《ひと》の体《からだ》や生《い》き物《もの》以外《いがい》にも、「もち」や「鬼《おに》」などのさまざまな語句《ごく》が用《もち》いられています。

棒《ぼう》にふる

運動《うんどう》するとご飯《はん》がおいしいわ〜
もり
もり
ダイエットの努力《どりょく》を棒《ぼう》にふることになるぞ
前《まえ》より太《ふと》るぞ

鬼《おに》の首《くび》を取《と》ったよう

すごいだろ表紙《ひょうし》にのったぜ
ハハ
てれるな!
小《ちい》さいぜ写真《しゃしん》もリーダーも
モデル
鬼《おに》の首《くび》を取《と》ったように喜《よろこ》んでるけど

高《たか》をくくる

そんなに食《た》べてないはずと高《たか》をくくっていたら…
ふ太《ふと》った——!!
2kg
体重計《たいじゅうけい》

相《あい》づちを打《う》つ

意味 相手《あいて》の発言《はつげん》にうなずく。

使い方 さっきからどちらの言《い》うことにも**相《あい》づちを打《う》って**。一《いっ》体《たい》、どちらに賛成《さんせい》なの。

参考 **合《あ》いの手《て》を入《い》れる**＝発言《はつげん》を調子《ちょうし》づける。⬇「そうだ、そうだ」と合《あ》いの手《て》を入《い》れた。

ポイント 「相《あい》づちを入《い》れる」はまちがい。

鍛冶職人《かじしょくにん》の仕事《しごと》ぶりから

刀《かたな》や農具《のうぐ》などをつくる鍛冶職人《かじしょくにん》が、相手《あいて》と交互《こうご》につちを打《う》つ様子《ようす》から、相手《あいて》が話《はな》しやすくなる動《どう》作《さ》や発言《はつげん》を「相《あい》づちを打《う》つ」というようになったんだ。

つち

食《た》べられないぞ 期限切《きげんき》れてる
母《かあ》ちゃんが忘《わす》れたからだ！
料理《りょうり》は手《て》をぬくし
おケチだし
うん！うん！
自分《じぶん》の賞味期限《しょうみきげん》も切《き》れてるぞ！
そのとおりだ！
私《わたし》の悪口《わるくち》で
相《あい》づちを打《う》つのは楽《たの》しい？

3章《しょう》

その他《た》 **あ行《ぎょう》**

油《あぶら》を売《う》る

意味 むだ話《ばなし》をして、仕事《しごと》や勉《べん》強《きょう》をなまける。

使い方 いつまでも**油《あぶら》を売《う》って**ないで早《はや》く宿題《しゅくだい》をやりなさい。

由来 昔《むかし》、女性《じょせい》の髪《かみ》につける油《あぶら》を売《う》る商人《しょうにん》が、客《きゃく》とむだ話《ばなし》をしながら油《あぶら》を売《う》ったことから。油《あぶら》はしずくが切《き》れるのに時間《じかん》がかかり、その間《ま》を持《も》たすためにむだ話《ばなし》をしたという説《せつ》もある。

この慣用句《かんようく》も覚《おぼ》えよう

●油《あぶら》を注《そそ》ぐ＝（火《ひ》に注《そそ》ぐと、勢《いきお》いが強《つよ》くなることから）さらに勢《いきお》いを増《ま》す。⬇その一言《ひとこと》が、先生《せんせい》の怒《いか》りに油《あぶら》を注《そそ》ぐことになった。

●油《あぶら》が切《き》れる＝活動《かつどう》のもとになるものがなくなる。⬇3時間《じかん》も歩《ある》いたから、おなかがへって油《あぶら》が切《き》れた。何《なに》か食《た》べよう。

スーパーの前《まえ》で
帰《かえ》り道《みち》で
家《いえ》の前《まえ》で**油《あぶら》を売《う》った**あげくに
スーパー
しまった！油《あぶら》を買《か》うの忘《わす》れちゃった！
スーパー

3章《しょう》

その他《た》 あ行《ぎょう》

案《あん》の定《じょう》

意味 予想《よそう》していたとおり。

使い方 『春日部市《かすかべし》の経済政策《けいざいせいさく》』という本《ほん》を読《よ》んだが、**案《あん》の定《じょう》**、中身《なかみ》はちんぷんかんぷんだった。

ポイント 良《よ》くない予想《よそう》が当《あ》たった場合《ばあい》に使《つか》うことが多《おお》い。

参考 案《あん》は「予想《よそう》」の意味《いみ》。「案《あん》の上《じょう》」はまちがい。

類語 **案《あん》にたがわず**。［たがわず＝ちがわず］

反対語 **案《あん》に相違《そうい》する**＝予想《よそう》とちがう。⬇案《あん》に相違《そうい》して、ノーマークのチームが優勝《ゆうしょう》した。

くもってきたわね
早《はや》く買《か》いものに行《い》ってこよう
雨《あめ》が降《ふ》ってきたら
洗濯物《せんたくもの》たのむわ
チョコビたのむゾ
ラジャー
案《あん》の定《じょう》降《ふ》ってきた
でも、洗濯物《せんたくもの》はだいじょうぶ！
ザー
…でもないか

板《いた》に付《つ》く

意味 （経験《けいけん》を積《つ》んだり慣《な》れたりして）その職業《しょくぎょう》にふさわしくみえる。

使い方 最近《さいきん》やっと、大工《だいく》の姿《すがた》が**板《いた》に付《つ》いて**きたな、コージ。

由来 板《いた》＝舞台《ぶたい》。最初《さいしょ》はぎこちなかった役者《やくしゃ》の演技《えんぎ》が、舞台《ぶたい》にしっくりとなじむことから。

類語 **様《さま》になる**。

参考 **堂《どう》に入《い》る**＝ベテランになる。⬇プロがおどろくほどの堂《どう》に入《い》った歌声《うたごえ》に、みなが喜《よろこ》んだ。
年季《ねんき》が入《はい》る＝①熟練《じゅくれん》している。②長年使《ながねんつか》われた。［年季《ねんき》＝昔《むかし》、約束《やくそく》した奉公《ほうこう》の年限《ねんげん》］

上尾《あげお》先生《せんせい》遊《あそ》ぼー
私《わたし》たちが先《さき》よ！
ボー
みんなで一緒《いっしょ》に遊《あそ》びましょうね
ますみもやっとようち園《えん》の先生《せんせい》が板《いた》に付《つ》いてきたわね
そうね
新人《しんじん》のころはたよりなくて無事《ぶじ》に勤《つと》まるか心配《しんぱい》だったわー
まつざか先生《せんせい》はお局《つぼね》ぶりが板《いた》に付《つ》いているゾ
なんですって!?
まあまあ

一《いち》か八《ばち》か

意味 運《うん》を天《てん》にまかせて（やってみる）。

使い方 「**一《いち》か八《ばち》か**、あいちゃんに告白《こくはく》する」。マサオくんは真剣《しんけん》な顔《かお》つきで言《い》った。

由来 ばくちの言葉《ことば》。次《つぎ》のどちらかから。①一《いち》か罰《ばつ》（一《いち》かしくじり）から。②丁《ちょう》（偶数《ぐうすう》）、※半《はん》（奇数《きすう》）それぞれの字《じ》の上《うえ》の部《ぶ》分《ぶん》から。

類語 **伸《の》るか反《そ》るか**＝成功《せいこう》か失《しっ》敗《ぱい》か。
↓父《ちち》の会社《かいしゃ》はこの新商品《しんしょうひん》で、伸《の》るか反《そ》るかの大勝負《おおしょうぶ》に出《で》た。

ツーアウト満塁《まんるい》
一発出《いっぱつで》れば逆転《ぎゃくてん》です！
ワーワー
一《いち》か八《ばち》か勝負《しょうぶ》するなら今《いま》だ！
ザッ
かんとく
代打《だいだ》ボー!!
カキーン
ブン
打《う》ったーサヨナラホームラーン
ワーワー
…ハナミズで打《う》ったよね？
さすが代打《だいだ》の切《き》り札《ふだ》…

※＝古い字。今は半と書く。

一《いっ》糸《し》乱《みだ》れず

意味 少《すこ》しの乱《みだ》れもなく。

使い方 運動会《うんどうかい》の当日《とうじつ》。**一《いっ》糸《し》乱《みだ》れず**行進《こうしん》する紅組《あかぐみ》の列《れつ》の中《なか》で、しんちゃんだけが列《れつ》を乱《みだ》していた。

由来 一《いっ》糸《し》＝1本《ぽん》の糸《いと》。これが「わずか」「少《すこ》し」の意味《いみ》になった。

参考 **一《いっ》糸《し》まとわず**＝何《なに》も着《き》ないで。［まとう＝身《み》につける］

➡一《いっ》糸《し》まとわずおどるのは、しんちゃんの得意芸《とくいげい》だ。

ほっ
ほっ
ほっ
よっ
よっ
よっ
ダンスの練習《れんしゅう》ですか?
パチ
パチ
一《いっ》糸《し》乱《みだ》れずおどってますねすばらしい!
ハチに追《お》いかけられているんです〜〜〜
ブーーン
わーっ!!

うだつが上《あ》がらない

意味 生活《せいかつ》がよくならない。パッとしない。

使い方 さっぱり**うだつが上《あ》がらない**三流小説家《さんりゅうしょうせつか》として終《お》わりたくない。ベストセラー小説《しょうせつ》を書《か》いてみんなを見返《みかえ》すぞ。

類語 **鳴《な》かず飛《と》ばず**＝少《すこ》しも活《かつ》躍《やく》しないまま。⬇ドラフト1位《い》で入団《にゅうだん》したが、2年《ねん》ほど鳴《な》かず飛《と》ばずの日々《ひび》が続《つづ》いた。

「うだつ」は防火壁《ぼうかへき》のこと

うだつ（梲《うだつ》）は日本家屋《にほんかおく》で、建《た》物《もの》のきわに屋根《やね》より高《たか》くつくった防火用《ぼうかよう》の壁《かべ》。昔《むかし》はうだつを上《あ》げられない（つけられない）家《いえ》は貧《まず》しい家《いえ》とされたため、その有無《うむ》が出世《しゅっせ》の目安《めやす》とされた。

ボクは一生懸命《いっしょうけんめい》に勉強《べんきょう》して
いい大学《だいがく》に入《はい》って
日本一《にっぽんいち》の社長《しゃちょう》になるんだ！
カザマ
でも…
こんなことしてたらうだつが上《あ》がらない大人《おとな》になっちゃうかも
目玉焼《めだまや》きごっこ楽《たの》しいねえ

上《うわ》の空《そら》

意味 ほかのことに気《き》をとられてボーッとしている。

使い方 みさえは、明日《あした》のアイドルのライブのことで頭《あたま》がいっぱい。何《なに》を言《い》っても**上《うわ》の空《そら》**だ。

参考 **うわ**＝しっかりしていない様子《ようす》。↓うわつく、うわ気《き》。**そら**＝ぼんやりした様子《ようす》、空《から》っぽの様子《ようす》。↓空々《そらぞら》しい、空耳《そらみみ》。

類語 **足《あし》が地《ち》に着《つ》かない**（100ページ）。**我《われ》を忘《わす》れる**（117ページ）。

絵《え》にかいたもち

意味 役《やく》に立《た》たないもののたとえ。実現《じつげん》できそうにない計画《けいかく》。

使い方 彼《かれ》の計画《けいかく》は**絵《え》にかいたもち**だ。お金《かね》がかかりすぎて、実現《じつげん》できそうにないからだ。

由来 絵《え》にかいたもちは食《た》べられない、すなわち役《やく》に立《た》たないことから。

類語 **画餅《がべい》。机上《きじょう》の空論《くうろん》。**

参考 **絵《え》にかいたよう**＝すばらしい。⬇絵《え》にかいたように美《うつく》しいアルプスの山並《やまな》みを目前《もくぜん》にして、言葉《ことば》をなくした。

今度《こんど》こそダイエットするわ
女の決意
ついにみさえが本気《ほんき》に！
イメージ イメージ
月刊ファッション
お菓子《かし》は食べないで運動《うんどう》をたくさんして
ウフフ
生《う》まれ変《か》わった私《わたし》をイメージするのよ！
はっ
まさに**絵《え》にかいたもち**だな
やっぱり
せんべ
チョコビスケ
まんじゅう
ポテトチップ

かぶとを脱《ぬ》ぐ

意味 (かなわないと認《みと》め) すなおに降参《こうさん》する。

使い方 「降参《こうさん》、**かぶとを脱《ぬ》ぐ**わ。で、答《こた》えは?」と、みさえは、なぞなぞの答《こた》えをしつこく聞《き》いてきた。

由来 昔《むかし》の戦《いくさ》では「かぶとを脱《ぬ》ぐ」「弓《ゆみ》のつるを外《はず》す」ことが降伏《こうふく》を伝《つた》える合図《あいず》だったから。

類語 **白旗《しらはた》を上《あ》げる**。

参考 **わらじを脱《ぬ》ぐ** [古《ふる》い言《い》い方《かた》] =①旅《たび》を終《お》える。⬇この村《むら》でわらじを脱《ぬ》いで落《お》ち着《つ》こう。②宿泊《しゅくはく》する。⬇今日《きょう》はこの宿《やど》にわらじを脱《ぬ》ぐとするか。

いざ勝負《しょうぶ》!
し〜〜ん
ぐれころーまん
がんばろう!
ファイト!
ふっ…
オラの負《ま》けだぜ
れころーまん
あっさりかぶとを脱《ぬ》ぐなんて
いさぎよいですわ!
さすがしんさま
あらプロレスごっこもう終《お》わり?
身《み》のほど知《し》らずでした…ままごとやります…
ずおお
がんば

釘《くぎ》をさす

意味 約束《やくそく》を破《やぶ》らないように、重《かさ》ねて確《たし》かめる。

使い方 「漢字練習《かんじれんしゅう》のプリントは明日《あした》までに出《だ》してね」と最後《さいご》に先生《せんせい》が**釘《くぎ》をさして**、学級会《がっきゅうかい》は終《お》わった。

由来 昔《むかし》の日本《にっぽん》の建物《たてもの》は原則《げんそく》、釘《くぎ》を使《つか》わず材木《ざいもく》と材木《ざいもく》をはめこんで建《た》てられていた。そのはめこんだ部分《ぶぶん》に、念《ねん》のために釘《くぎ》をさした（打《う》った）のが始《はじ》まり。

参考 「さす」は「刺《さ》す」と書《か》く。

類語 **念《ねん》を押《お》す**（199ページ）。

雨《あめ》が降《ふ》ってきたら洗濯物《せんたくもの》を取《と》りこんでね
ほーい
じゃあねたのんだわよ
んもーしつこいのは化粧《けしょう》だけにして
何度《なんど》も**釘《くぎ》をささ**ないとあんたすぐ忘《わす》れちゃうでしょ！
ぐりぐり
はい…
雨《あめ》は降《ふ》らなかったゾ

口火《くちび》を切《き》る

意味 ①後《あと》に続《つづ》くきっかけをつくる。②最初《さいしょ》に発言《はつげん》する。

使い方 ①マサオくんが同点劇《どうてんげき》の**口火《くちび》を切《き》る**ヒットを打《う》ち、みなが続《つづ》いた。

②長《なが》い沈黙《ちんもく》をやぶって、一人《ひとり》の男《おとこ》が議論《ぎろん》の**口火《くちび》を切《き》った**。

由来 口火《くちび》＝昔《むかし》の火縄銃《ひなわじゅう》の火薬《かやく》に点火《てんか》する火《ひ》。口火《くちび》により銃《じゅう》から弾《たま》が出《で》ることから、きっかけの意味《いみ》が生《う》まれた。

参考 **手《て》を切《き》る**＝関係《かんけい》を断《た》つ。

身《み》を切《き》る＝①寒《さむ》さがきびしい。②とてもつらいことのたとえ。

自腹《じばら》を切《き》る＝自分《じぶん》のお金《かね》で払《はら》う。

カザマくんは将来《しょうらい》うわきをするか？てってい討論《とうろん》
はあ？
すると思《おも》う！
だよね
サイテー
何《なん》でだよー!!
口火《くちび》を切《き》ったのはボーちゃんだったね
なぜ？
カザマくんの将来《しょうらい》がハナミズの中《なか》に映《うつ》って見《み》える
水晶玉《すいしょうだま》占《うらな》いか！

ごまをする

意味 上司《じょうし》や上役《うわやく》のきげんをとる。

使い方 社長《しゃちょう》に**ごまをすれば**、給料《きゅうりょう》が上《あ》がるのかな。

参考 「ごまをする」はすり鉢《ばち》でごまをする様子《ようす》（下《した》の絵《え》）。

由来 江戸時代《えどじだい》、ある店《みせ》で、みんなが元気《げんき》になる薬《くすり》をつくろうとごまをすっていた。薬《くすり》のうわさを聞《き》きつけた人《ひと》たちが、自分《じぶん》もそれを手《て》に入《い》れたいと店主《てんしゅ》のきげんをとってごまをすろうとしたことがはじまり、とも言《い》われている。

類語 **ごますり**。

お父上《ちちうえ》 肩《かた》をたたいてさしあげましょう
たん とん
お ありがたいねぇ
とん
おビール お注《つ》ぎいたします
どーぞ どーぞ
おお～?
そんなに**ごまをする**なんて
ははーん
何《なに》か買《か》ってほしいんだな?
いいえ、父上《ちちうえ》がよく行《い》くきれいなおねいさんのいるお店《みせ》に連《つ》れてってほしいだけです
ほー
ギク
なっ…何《なん》のこと?

さじを投《な》げる

意味 ①見捨《みす》てる。
②成功《せいこう》の目処《めど》がなくあきらめる。

使い方 ①あの名医《めいい》も**さじを投《な》げる**ほどの難病《なんびょう》だった。
②地球《ちきゅう》に帰還《きかん》できる確率《かくりつ》は1%以下《いか》。宇宙《うちゅう》センターの研究者《けんきゅうしゃ》のだれもが**さじを投《な》げた**。

由来 江戸《えど》時代《じだい》の医者《いしゃ》は、さじで薬《くすり》の分量《ぶんりょう》を調節《ちょうせつ》した。そのさじを投《な》げることは「治療《ちりょう》をあきらめること」「命《いのち》を見捨《みす》てること」を意味《いみ》したから。

類語 **お手上《てあ》げ**。**見切《みき》りをつける**。

3日《か》も休《やす》んで…どうしたの?
早《はや》く元気《げんき》になってね
高級《こうきゅう》ケーキ
ありがとう
でもお医者《いしゃ》さまもさじを投《な》げた不治《ふじ》の病《やまい》なのよ
ピーン
もしかして…
恋《こい》わずらいじゃありませんこと?
キャーやだはずかしい♥
なんだー
そりゃ医者《いしゃ》も治《なお》せないよ

しのぎをけずる

意味 相手《あいて》と激《はげ》しく争《あらそ》う様子《ようす》。

使い方 1～4位《い》が1ゲーム差《さ》の中《なか》で**しのぎをけずる**パ・リーグの終盤戦《しゅうばんせん》から目《め》がはなせない。

由来 刀《かたな》でたがいに切《き》り合《あ》うと、しのぎをけずるような状態《じょうたい》になるため（下《した》の図《ず》1）。

参考 **つば競《ぜ》り合《あ》いを演《えん》じる**＝同《おな》じていどの者同士《ものどうし》が激《はげ》しく争《あらそ》う。「つば＝刀《かたな》の、柄《つか》をにぎる手《て》を防御《ぼうぎょ》する板状《いたじょう》の部分《ぶぶん》。刀《かたな》をたがいにつばで受《う》けとめて押《お》し合《あ》う様子《ようす》から（図《ず》2）」➡選挙《せんきょ》の序盤《じょばん》で、与野党《よやとう》が激《はげ》しいつば競《ぜ》り合《あ》いを演《えん》じた。

図《ず》1

しのぎ

図《ず》2

つば

ひまわり組《ぐみ》には負《ま》けないぞ！
トン
カン
こっちこそ！
ギコ
ギコ
トン
いいものですねえ子《こ》どもたちがしのぎをけずり
わー
わー
成長《せいちょう》していく姿《すがた》は
ホロリ
涙《なみだ》ぐんでいる場合《ばあい》じゃないですよ！
大変《たいへん》です！
え？
しのぎどころか柱《はしら》をけずってます
シャー
わ～～
やめてくださーい!!

白《しら》を切《き》る

意味 知《し》らないふりをする。

使い方 **白《しら》を切《き》れる**と思《おも》ったら大《おお》まちがいよ。あなた、この写《しゃ》真《しん》は何《なに》?

類語 **しらばくれる。**

参考 **白《しら》**=知《し》らないこと。
→**白々《しらじら》しい**=①知《し》らないふりをする。②うそが明《あき》らかな様子《ようす》。
切《き》る=きっぱりとした様子《ようす》を表《あらわ》す。

→**見得《みえ》を切《き》る**=①歌舞伎役者《かぶきやくしゃ》が動《うご》きを止《と》め、決《き》めのポーズをする。②自分《じぶん》の力《ちから》を見《み》せつける。
→**仁義《じんぎ》を切《き》る**=ばくち打《う》ちなどが独特《どくとく》のあいさつを交《か》わす。

白状《はくじょう》しなさいよ 私《わたし》のケーキ食《た》べたのあなたでしょ?
知《し》らないよ~ なぜ疑《うたが》うの?
あくまで**白《しら》を切《き》る**つもりね
でも…
スチャッ
スマホ
バーン
極秘《ごくひ》に入手《にゅうしゅ》した証拠写真《しょうこしゃしん》があるのよ
あなたの頭《あたま》が写《うつ》ってるでしょ
あー これしんちゃんだよ
でっかいおむすび持《も》って~…
えーっ!?
こそこそ

すみに置《お》けない

意味 意外《いがい》と優秀《ゆうしゅう》で、あなどれない。

使い方 スザンヌは5か国語《こくご》もしゃべれるの？ やっぱり**すみに置《お》けない**人《ひと》だね。

ポイント 隅《すみ》＝すみっこ。目立《めだ》たないところ。

類語 **ぬけ目《め》がない**。

参考 **風上《かざかみ》に置《お》けない**＝仲間《なかま》として認《みと》められないほどひどい。

「風上《かざかみ》にあるとそのいやなにおいが流《なが》れてきて困《こま》るから」⇩うその実験《じっけん》データを発表《はっぴょう》するなんて、科学者《かがくしゃ》の風上《かざかみ》に置《お》けないひどい研究者《けんきゅうしゃ》だ。

いつもはボーッとしてるけど
ボー
いざというときに意外《いがい》と頼《たよ》りになる
ブン
ブン
ちっ
ボーちゃんってすみに置《お》けないよね
そうだねー
それにくらべてしんのすけは…
お？
おお？
バウバウ
ずっとすみに置《お》いておきたいよ
わ～ん
こっち来ないで～

太鼓判《たいこばん》を押《お》す

意味 （品質《ひんしつ》や人格《じんかく》の）確《たし》かさを保証《ほしょう》する。

使い方 「しん様《さま》なら、だいじょうぶですわん」とあいちゃんが**太鼓判《たいこばん》を押《お》した**からって、しんちゃんに車《くるま》を運転《うんてん》させてはいけない。

由来 「太鼓《たいこ》のように大《おお》きなはんこ」を確《たし》かな保証《ほしょう》のたとえとした。

類語 **折《お》り紙付《がみつ》き**（186ページ）。

ハンサムで
スマートで
みんなに
モテモテ
そんなイイ男《おとこ》に
なるはずよ
15年後《ねんご》
しんちゃんは
このアタシが
太鼓判《たいこばん》を押《お》すわ!!
どーん
楽《たの》しみね〜
待《ま》ち遠《どお》しいわ
よるのおみせ
キャッ
キャ
ちっとも
うれしくないのは
なぜだろう…

立《た》て板《いた》に水《みず》

意味 すらすらと話《はな》す様子《ようす》のたとえ。

使い方 「大《おお》きくなったら外交《がいこう》官《かん》になりたいんだ。そもそも外《がい》交官《こうかん》の仕事《しごと》には……」とカザマくんは**立《た》て板《いた》に水《みず》**を流《なが》すように話《はな》しだした。

由来 立《た》てかけた板《いた》にかけた水《みず》はサッと流《なが》れる様子《ようす》から。

参考 **焼《や》け石《いし》に水《みず》**＝ほとんど効《こう》果《か》がないふるまいのたとえ。「焼《や》けた石《いし》に少《すこ》しの水《みず》をかけても冷《さ》めないことから」➡ホームランで1点追加《てんついか》したが、点差《てんさ》は10点《てん》。焼《や》け石《いし》に水《みず》だった。

当選《とうせん》のあかつきには現在《げんざい》の制度《せいど》を抜本的《ばっぽんてき》に改革《かいかく》し
子《こ》どもからお年《とし》よりまですべての人《ひと》に住《す》みよい町《まち》をつくります！
パチパチ
かざまトオル
かざまトオル
立《た》て板《いた》に水《みず》の演説《えんぜつ》お見事《みごと》でした
当然《とうぜん》でしょ
でも対立候補《たいりつこうほ》にはもっと人《ひと》が集《あつ》まって…
ええっ？
トオルちゃんはいまだにオネジヨするのよ～
のはらしんのすけ
わー
ママのまねはやめろー!!
あははは

たなに上《あ》げる

意味 自分《じぶん》に不都合《ふつごう》なことを、わざと言《い》わない。

使い方 自分《じぶん》の失敗《しっぱい》を**たなに上《あ》げて**チームメートのミスを責《せ》めるのは、やめてほしい。

類語 **知《し》らん顔《かお》する。**

参考 **たな上《あ》げにする**＝結論《けつろん》や解決《かいけつ》を後回《あとまわ》しにする。⬇その法案《ほうあん》の採決《さいけつ》は、1年《ねん》もたな上《あ》げにされたままだ。

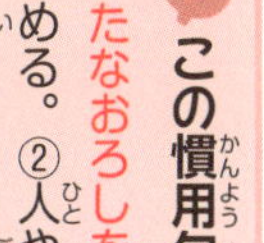

この慣用句《かんようく》も覚《おぼ》えよう

●たなおろしをする＝①在庫《ざいこ》を確《たし》かめる。②人《ひと》や物《もの》の欠点《けってん》を1つずつ言《い》う。⬇②部長《ぶちょう》ったら、また客《きゃく》のたなおろしを始《はじ》めたよ。

●たなからぼたもち＝苦労《くろう》せずに良《よ》くなること。たなぼた。⬇決勝《けっしょう》戦《せん》は相手《あいて》の不祥事《ふしょうじ》で不戦勝《ふせんしょう》。たなからぼたもちで優勝《ゆうしょう》した。

ごろ ごろ
ごろごろしてないで元気《げんき》よく遊《あそ》びなさい
チョコビ
ええ～？
たいな～
自分《じぶん》のことは**たなに上《あ》げて**文句《もんく》言《い》うの～？
チョコビ
3人《にん》でごろごろ
昨日《きのう》だって…
してたのに
せんべい
ポテチ
ギュッ ギュッ
あ あら
そんなことあったかしら？
記憶《きおく》まで**たなに上《あ》げる**のか

だめを押《お》す

意味 ①念《ねん》のため確《たし》かめる。
②勝利《しょうり》をさらに決定《けってい》づける。

使い方 ①会議《かいぎ》の最後《さいご》に、みんなに、明日《あした》の集合時間《しゅうごうじかん》と場所《ばしょ》の**だめを押《お》して**おいてくれ。
②サッカーの試合《しあい》。後半《こうはん》ロスタイムの得点《とくてん》で**だめを押《お》した**。

ポイント だめ（下記《かき》）。

類語 ①**念《ねん》を押《お》す**（199ページ）。
②**だめ押《お》し**。

だめは囲碁《いご》の「駄目《だめ》」から

「駄目《だめ》」とは、囲碁《いご》（黒《くろ》と白《しろ》の石《いし》の陣取《じんと》りゲーム）で、両者《りょうしゃ》の境《さかい》にあるどちらの陣地《じんち》にも属《ぞく》さない目《め》（ます）のこと。囲碁《いご》では対局《たいきょく》が終《お》わった後《あと》、駄目《だめ》に交互《こうご》に石《いし》を置《お》いて自分《じぶん》の陣地《じんち》の石《いし》を計算《けいさん》しやすくする。これが「念《ねん》のため確《たし》かめる」のたとえとなったんだ。

1 2 3 4 5
ばらぐみ 0 0 0 0 0
ひまわり 8 12 5 17
すごい点差《てんさ》がついたね
くっ
ぼくらひまわり組《ぐみ》がもう勝《か》ったようなものだな!
そ?
ぶんぶんっ
しんのすけ気楽《きらく》に打《う》っていいぞ
カキーーン
やった!
だめを押《お》すホームランだあ…
…あ!?
ひゅんひゅんひゅんっ
あらっ?
。

つじつまが合《あ》う

意味 話《はなし》の筋道《すじみち》が通《とお》っている。

使い方 彼《かれ》ときみの説明《せつめい》は**つじつまが合《あ》わない**。だから、きみたちは信用《しんよう》できないよ。

由来 着物《きもの》のぬい目《め》が十字《じゅうじ》になる辻《つじ》（図《ず》1）や、着物《きもの》のはしの褄《つま》（図《ず》2）はともにずれないようにぬうべき所《ところ》であることから。

ポイント 辻褄《つじつま》＝道理《どうり》。筋道《すじみち》。

類語 **つじつまを合《あ》わせる。**

宝石《ほうせき》が
ぬすまれた
窓《まど》は開《あ》いていたが
ここは3階《かい》
この高《たか》さまで
どうやって…
くる
ほっ
くる
ひょい
よっ
こんなふうに
しのびこんだなら
つじつまが合《あ》う
しかしそんなことが
できる人間《にんげん》はいない
あいつ
以外《いがい》には！
♪

図《ず》1

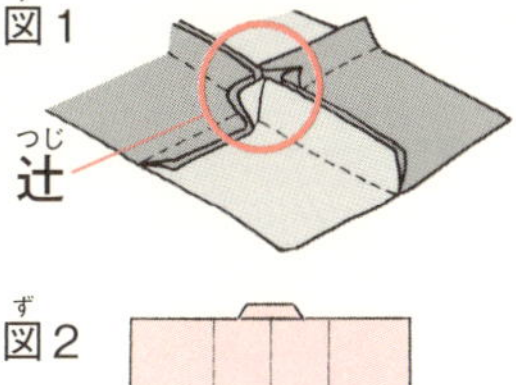

辻《つじ》

図《ず》2

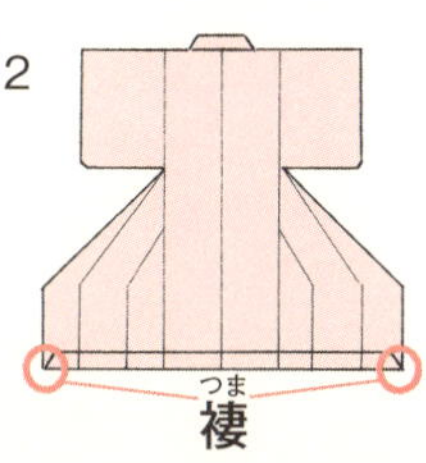

褄《つま》

峠《とうげ》を越《こ》す

意味 ①最《もっと》もさかんな時期《じき》をすぎる。②最《もっと》も危険《きけん》な時期《じき》をすぎる。

使い方 ①お盆《ぼん》をすぎ、夏《なつ》の暑《あつ》さも**峠《とうげ》を越《こ》した**。②祖母《そぼ》の病状《びょうじょう》も**峠《とうげ》を越《こ》し**、落《お》ち着《つ》いてきた。

ポイント ①人気《にんき》、忙《いそが》しさ、降雪量《こうせつりょう》や気温《きおん》などを比《くら》べていうことが多《おお》い。②病気《びょうき》の具合《ぐあい》などを比《くら》べていうことが多《おお》い。

類語 **山《やま》を越《こ》す**。

参考 **正念場《しょうねんば》**＝とても大切《たいせつ》な見《み》せ場《ば》。［歌舞伎《かぶき》の言葉《ことば》から］↓ 明日《あした》の演説会《えんぜつかい》は、児童会長選挙《じどうかいちょうせんきょ》の正念場《しょうねんば》だ。

ゴオオ
台風《たいふう》による暴風雨《ぼうふうう》は夕方《ゆうがた》には**峠《とうげ》を越《こ》す**でしょう
ニュース
夕方《ゆうがた》か
こっちの暴風雨《ぼうふうう》はどうだろう
そ…
そろそろ**峠《とうげ》を越《こ》した**かな
やっぱり女《おんな》の子《こ》の店《みせ》に行《い》ったのね!!
行《い》ってないってば〜
まだまだみたいだな…

百《ひゃく》も承知《しょうち》

意味 じゅうぶんわかっている。

使い方 警察官《けいさつかん》や消防士《しょうぼうし》は、危険《きけん》を**百《ひゃく》も承知《しょうち》**で、犯罪《はんざい》や火事《かじ》の現場《げんば》に突入《とつにゅう》しなければならない場合《ばあい》がある。

ポイント 言《い》われなくてもわかっている場面《ばめん》で使《つか》う。

参考 百《ひゃく》には「たくさん」「すべて」の意味《いみ》がある。

類語 **先刻承知《せんこくしょうち》**。

この慣用句《かんようく》も覚《おぼ》えよう

●百《ひゃく》に一《ひと》つもない＝ほとんどない。⬇ひろしが社長《しゃちょう》になれる可能性《かのうせい》は、百《ひゃく》に一《ひと》つもないだろう。

●百年《ひゃくねん》の恋《こい》も冷《さ》める＝長《なが》く続《つづ》いた恋心《こいごころ》が冷《さ》める。〔相手《あいて》のいやな一面《いちめん》を知《し》り幻滅《げんめつ》したときに使《つか》う〕⬇ごみだらけの彼《かれ》の部屋《へや》を見《み》て、百年《ひゃくねん》の恋《こい》も冷《さ》めた。

ピンからキリまで

意味 ①最上《さいじょう》のものから最低《さいてい》のものまで。②最初《さいしょ》から最後《さいご》まで。

使い方 ①スマートフォンには、**ピンからキリまで**実《じつ》にいろいろな商品《しょうひん》がある。

由来 ピン（ポルトガル語《ご》）＝カルタやサイコロの1。キリ＝切《き》り（終《お》わり）か、桐《きり》（花札《はなふだ》で最後《さいご》の月《つき》の木《き》）に由来《ゆらい》。

類語 **ピンキリ**。

アクセサリーバーゲン
あっ♥
一《ひと》つだけね いいでしょ?
えー!?
た!た!
¥500
¥8000
¥150000
わーすてき♪
とはいえ ピンからキリまで いろいろあるわね
ほー
おもちゃ
ひまわりは こっちでいいんじゃないか?
こども アクセサリーセット
¥980
ケッ
本物志向《ほんものしこう》なのよねー
末《すえ》おそろしいやつ

パンもポルトガル語《ご》から！

16世紀半《せいきなか》ば、日本《にっぽん》に鉄砲《てっぽう》を伝《つた》えたポルトガル人《じん》はその後《ご》、キリスト教《きょう》の布教《ふきょう》とともにポルトガル語《ご》を伝《つた》え、その一部《いちぶ》が日本語《にほんご》として定着《ていちゃく》しました。たとえば、パン、カステラ、タバコ、ボタン、カルタ、カッパ、オルガンなどはポルトガル語《ご》に由来《ゆらい》しています。

腑《ふ》に落《お》ちない

意味 納得《なっとく》がいかない。

使い方 なぜ私《わたし》が犯人《はんにん》と疑《うたが》われたのか？ 警察《けいさつ》の説明《せつめい》を何度《なんど》聞《き》いても**腑《ふ》に落《お》ちなかった**。

由来 腑《ふ》＝腹《はら》の中《なか》。➡食《た》べた物《もの》が腹《はら》の中《なか》に落《お》ちない、すっきりしない状態《じょうたい》から。腑《ふ》＝心《こころ》。➡「心《こころ》に入《はい》って来《こ》ない」ことから今《いま》の意味《いみ》が生《う》まれたとする説《せつ》もある。

ままごとしよう！
ボクがダンナさんをやるよ
オラ、おりこうな子《こ》ども
イケメン不《ふ》りん相手《あいて》
番犬《ばんけん》
あはは
うふふ
楽《たの》しい…♪
理想《りそう》のおままごとだわ…
でも、何《なに》か腑《ふ》に落《お》ちないわね
ギク
ごめん！実《じつ》は…
ぬいぐるみにペンキこぼした⁉
ゆるして〜

この言葉《ことば》も覚《おぼ》えよう

●**腑《ふ》ぬけ**＝意気地《いくじ》がない様子《ようす》。やる気《き》がない様子《ようす》。〔腑《ふ》（はらわた）がぬきとられた情《なさ》けない様子《ようす》から〕➡仕事《しごと》をやめ、新《あたら》しい働《はたら》き口《ぐち》の見《み》つけられないむさえは、すっかり腑《ふ》ぬけになっていた。

3章《しょう》

その他《た》 は行《ぎょう》

水《みず》に流《なが》す

意味 （相手《あいて》との）いざこざをなかったことにする。

使い方 今回《こんかい》の失敗《しっぱい》はすべて**水《みず》に流《なが》す**よ。二度《にど》と同《おな》じ失敗《しっぱい》はしないでね。

参考 **帳消《ちょうけ》しにする**＝貸《か》しと借《か》り、損《そん》と得《とく》をたがいに差《さ》し引《ひ》いてゼロにする。⬇ホームランでさっきのエラーを帳消《ちょうけ》しにした。

この慣用句《かんようく》も覚《おぼ》えよう

●水《みず》が合《あ》わない＝なじめない。⬇自然《しぜん》の少《すく》ない都会《とかい》の水《みず》が合《あ》わなくて、山深《やまぶか》い古里《ふるさと》に帰《かえ》ってきた。

●水《みず》を得《え》た魚《うお》のよう＝ふさわしい場《ば》で生《い》き生《い》きする。⬇ボーちゃんは展示《てんじ》した石《いし》の説明係《せつめいがかり》をまかされた。すると、まるで水《みず》を得《え》た魚《うお》のように元気《げんき》になった。

カザマくんとはいろいろなことがあったのう
長《なが》いつきあいだもんなあ
ケンカしたり…
おでんごっこしよう
はいカザマくんの
だから何《なに》が楽《たの》しいんだよ！
パンツを脱《ぬ》がせたり
わっ
どてっ
ずるっ
あっ
わーっ
じょろじょろ
おしっこかけたり…
だがおたがい年《とし》をとった
すべて水《みず》に流《なが》そう
お前《まえ》が言《い》うなー!!

朝飯前《あさめしまえ》

意味 簡単《かんたん》にできる。［朝飯前《あさめしまえ》の短時間《たんじかん》でできる、あるいは空《くう》腹《ふく》でもできるの意味《いみ》から］

使い方 切《き》れた電球《でんきゅう》の交換《こうかん》？そんなの**朝飯前《あさめしまえ》**だよ。

類語 **お安《やす》い御用《ごよう》**。

オレのヒゲはつめもとげる
指《ゆび》も切《き》れる
大根《だいこん》おろしも**朝飯前《あさめしまえ》**さ！

味《あじ》もそっけもない

意味 つまらない。［素《そ》っ気《け》＝おもしろみ。味《あじ》わい］

使い方 あんな**味《あじ》もそっけもない**説明《せつめい》では、だれもやる気《き》にならないよ。

類語 **芸《げい》がない**。

しんのすけが
フツーだったら
ぼ
味《あじ》もそっけもないもんね

あっけにとられる

意味 おどろきあきれる。［呆《あっ》気《け》＝あきれること］

使い方 兄《あに》の部屋《へや》に入《はい》ると、散《ち》らかり放題《ほうだい》。母《はは》はしばらく**あっけにとられて**いた。

類語 **開《あ》いた口《くち》がふさがらない**。

園長《えんちょう》が
ままごと…
ハイごはんよ
犬役《いぬやく》ワオー
あっけにとられてる

後《あと》の祭《まつ》り

意味 手《て》おくれ。むだ。

使い方 しんちゃんはおしりフリフリをどこで覚《おぼ》えたのか。今《いま》さら悩《なや》んでも**後《あと》の祭《まつ》り**だが。

類語 **取《と》り返《かえ》しが付《つ》かない**。

穴《あな》のあくほど

意味 じっと見《み》つめる様子《ようす》。［多《おお》くは「見《み》つめる」などを後《あと》につけて使《つか》う］

使い方 刑事《けいじ》は、被害者《ひがいしゃ》の写真《しゃしん》を**穴《あな》のあくほど**見《み》つめるその女《おんな》が犯人《はんにん》だと確信《かくしん》した。

油《あぶら》をしぼる

意味 きびしくしかる。［実《み》をしぼりつぶしてつくる油《あぶら》づくりの様子《ようす》から、人《ひと》をしめあげる意《い》味《み》に］

使い方 窓《まど》ガラスを割《わ》って、母《はは》にこってり**油《あぶら》をしぼられた**。

一事《いちじ》が万事《ばんじ》

意味 一《ひと》つを見《み》て、全体《ぜんたい》の様子《ようす》をおしはかることができる。

使い方 ヨシりんはうれしくても悲《かな》しくてもミッチーに電話《でんわ》する。**一事《いちじ》が万事《ばんじ》**、この調子《ちょうし》なんだ。

一事《いちじ》が万事《ばんじ》 この調子《ちょうし》…
グータラだね…
せんべい
カップめん

一刻《いっこく》を争《あらそ》う

意味 わずかな時間《じかん》（一刻《いっこく》）もむだにできないほど急《いそ》ぐ様子《ようす》。

使い方 とにかく現場《げんば》に急《いそ》いで行《い》ってくれ。説明《せつめい》は後《あと》でする。事態《じたい》は**一刻《いっこく》を争《あらそ》って**いるんだ。

類語 **時《とき》を争《あらそ》う**。

パパが書類《しょるい》を忘《わす》れて
一刻《いっこく》を争《あらそ》うの！
まかせて
オラが車《くるま》で運《はこ》ぶ！
企画書《きかくしょ》

一矢《いっし》を報《むく》いる

意味 攻撃《こうげき》された相手《あいて》に少《すこ》しでも反撃《はんげき》や反論《はんろん》をする。「一矢《いっし》＝1本《ぽん》の矢《や》」**一矢報《いっしむく》いる**ともいう。

使い方 ネネちゃんにはいつもかなわない。**一矢《いっし》を報《むく》いる**いい方法《ほうほう》はないかな。

ハチにさされた～!!
ボッ
ピチョ
うわ～ん
鼻水《はなみず》で
ハチに
一矢《いっし》を報《むく》いた

一石《いっせき》を投《とう》じる

意味 反響《はんきょう》を呼《よ》ぶ意見《いけん》を発表《はっぴょう》する。[石《いし》を水《みず》に投《な》げると波紋《はもん》ができることから]

使い方 結果的《けっかてき》に、小学生《しょうがくせい》の作《さく》文《ぶん》が日本《にっぽん》の原子力行政《げんしりょくぎょうせい》のあり方《かた》に**一石《いっせき》を投《とう》じる**ことになった。

トイレ
うんちマン
うんちは元気《げんき》の印《しるし》
かっこいい
そうなんだ
はずかしくない!
知らなかった
うんちをいやがる気持《きも》ちに**一石《いっせき》を投《とう》じた**わ

一本《いっぽん》取《と》られる

意味 議論《ぎろん》やかけひきで、相手《あいて》にやりこめられる。[一本取《いっぽんと》る＝柔道《じゅうどう》や剣道《けんどう》などの武道《ぶどう》で技《わざ》が決《き》まること]

使い方 まいった！ 今回《こんかい》はしんのすけに**一本取《いっぽんと》られた**よ。

ぬすみ食《ぐ》いはダメっていつも言《い》ってるぞ!
…そうよね**一本取《いっぽんと》られた**わ
オラは二本《にほん》!!
ほかほか

うまい汁《しる》を吸《す》う

意味 （悪《わる》いやり方《かた》で）苦労《くろう》せずに利益《りえき》を得《え》る。

使い方 政治家《せいじか》という立場《たちば》を利用《りよう》して自分《じぶん》だけ**うまい汁《しる》を吸《す》お**うなんて、ゆるせない。

類語 **私腹《しふく》を肥《こ》やす**（78ページ）。

拾《ひろ》ってとどけてくれたの?
えらいわねー
みんなでとどけに来《き》たのに
一人《ひとり》だけ**うまい汁《しる》を吸《す》って…**

裏《うら》をかく

意味 相手《あいて》が予想《よそう》しないことをする。

使い方 道路《どうろ》をふうさした警察《けいさつ》の**裏《うら》をかいて**、犯人《はんにん》は電車《でんしゃ》で西《にし》に逃《に》げた模様《もよう》です！

類語 **一杯食《いっぱいく》わす**。

寝《ね》てるすきに
…と思《おも》ったら**裏《うら》をかかれた**!!

雲泥《うんでい》の差《さ》

意味 大《おお》きなへだたり。「雲《くも》は天《てん》のたとえ。泥《どろ》は地《ち》のたとえ。技術《ぎじゅつ》や完成度《かんせいど》が大《おお》きくかけはなれている様子《ようす》」

使い方 しんのすけと剣太先生《けんたせんせい》の剣《けん》の腕《うで》には、**雲泥《うんでい》の差《さ》**がある。

ばあちゃんは料理《りょうり》の天才《てんさい》だね
ちらっ
私《わたし》とは**雲泥《うんでい》の差《さ》**ねうらやましいわ
ちらっ

えりを正《ただ》す

意味 ①心《こころ》を引《ひ》きしめて物事《ものごと》にあたる。②着衣《ちゃくい》を整《ととの》える。

使い方 ①重大《じゅうだい》な発表《はっぴょう》です。**えりを正《ただ》して**聞《き》いてください。②**えりを正《ただ》して**制服《せいふく》を着《き》る。

類語 **姿勢《しせい》を正《ただ》す**。

今後《こんご》は**えりを正《ただ》して**まじめに！
はい
仕事中《しごとちゅう》にゲームをしていたらしいの
ワクワク

大船《おおぶね》に乗《の》ったよう

意味 信頼《しんらい》して安心《あんしん》する様子《ようす》。［大《おお》きな船《ふね》はしずむ心配《しんぱい》が少《すく》ないことから］

使い方 あなたは心配《しんぱい》しないで。結婚式《けっこんしき》の当日《とうじつ》は**大船《おおぶね》に乗《の》ったよう**な気《き》でいなさい。

あいちゃんに告白《こくはく》？
よし！
ろまんちっくなやけい
セッティングしてあげるから**大船《おおぶね》に乗《の》ったよう**な気《き》でいなさい
大丈夫《だいじょうぶ》かなあ…
れすとらん

大《おお》ぶろしきを広《ひろ》げる

意味 できもしない計画《けいかく》を人前《ひとまえ》で話《はな》す。［中身《なかみ》がなくても、広《ひろ》げると大《おお》きくなるふろしきのさまからか］

使い方 調子《ちょうし》に乗《の》って**大《おお》ぶろしきを広《ひろ》げる**のは、やめなさい。

美《び》ぼうをみがき美《うつく》しすぎる女性議員《じょせいぎいん》からファーストレディーになる
大《おお》ぶろしきを広《ひろ》げるより知識《ちしき》を広《ひろ》げろ

おくびにも出《だ》さない

意味 秘密《ひみつ》にする。［おくび＝げっぷ。げっぷを出《だ》さない。腹《はら》の中《なか》を見《み》せないという意味《いみ》から］

使い方 父《ちち》は仕事《しごと》の失敗《しっぱい》を、家《いえ》では**おくびにも出《だ》さない**人《ひと》だ。

だっこ
いい子《こ》ね～
ママといっしょにねる
しょうがない子《こ》ね
ふだんは**おくびにも出《だ》さない**がカザマくんは甘《あま》えんぼうだ

お茶《ちゃ》をにごす

意味 いいかげんな発言《はつげん》でごまかす。［茶道《さどう》で、やり方《かた》を知《し》らない人《ひと》が茶《ちゃ》をにごらせてそれらしくごまかしたことからか］

使い方 じょうだんを言《い》って、その場《ば》は**お茶《ちゃ》をにごした**。

それ どうしたの？
これは… あ 夕食《ゆうしょく》は 何《なに》に…
お茶《ちゃ》をにごさず 正直《しょうじき》に言《い》ったら？
ダイエットプリン
スリムハニー
スリム
ダイエットビスケット
ダイエットサプリ
スリムジュース
ダイエット

鬼《おに》の首《くび》を取《と》ったよう

意味 大《おお》きな手《て》がらのように。［本人《ほんにん》だけが得意《とくい》になっている様子《ようす》を冷《ひ》やかすときに使《つか》う］

使い方 先生《せんせい》の小《ちい》さなまちがいを、**鬼《おに》の首《くび》を取《と》ったよう**に喜《よろこ》ぶのはやめなさい。

すごいだろ 表紙《ひょうし》に のったぜ
ハハ
てれるな〜
小《ちい》さいぜ 写真《しゃしん》もリーダーも
鬼《おに》の首《くび》を 取《と》ったように 喜《よろこ》んでるけど
モデル

まだまだあるよ 「鬼《おに》」の慣用句《かんようく》

●**鬼《おに》が出《で》るか蛇《じゃ》が出《で》るか**＝先《さき》の様子《ようす》が予測《よそく》できないたとえ。［蛇《じゃ》＝へび］➡鬼《おに》がでるか蛇《じゃ》が出《で》るか、次《つぎ》のステージが楽《たの》しみだね。

参考 蛇は「じゃ」とも読《よ》む。➡蛇口《じゃぐち》（水道《すいどう》の口《くち》）など。

●**鬼《おに》に金棒《かなぼう》** 強《つよ》い人《ひと》（鬼《おに》）が新《あたら》しい人《ひと》や物《もの》など（金《かな》棒《ぼう》）を手《て》に入《い》れ、さらに強《つよ》くなるたとえ。➡あの選手《せんしゅ》が入部《にゅうぶ》したら、鬼《おに》に金棒《かなぼう》。来年《らいねん》も優勝《ゆうしょう》だね。

思《おも》うつぼ

意味 たくらみどおり。［かけごとで、つぼに入《い》れたサイコロの目《め》を思《おも》うとおりに出《だ》すズルから］

使い方 あやうくネネちゃんの**思《おも》うつぼ**になるところだった。

あいちゃんの写真《しゃしん》 ほしくない？
…ボクままごとやりたい
それじゃあネネちゃんの**思《おも》うつぼ**だよ

お山《やま》の大将《たいしょう》

意味 少《すく》ない人数《にんずう》のなかで、自《じ》分《ぶん》が一番《いちばん》だと自慢《じまん》している人《ひと》。

参考 ほめ言葉《ことば》ではない。

使い方 小《ちい》さな小学校《しょうがっこう》では**お山《やま》の大将《たいしょう》**になれたが、中学校《ちゅうがっこう》では、そうはいかない。

私《わたし》がようち園《えん》で一番《いちばん》カワイイわね
ぼーーん
ホホホ
それを**お山《やま》の大将《たいしょう》**と言《い》うのですわん
おやまあ

折《お》り紙《がみ》付《つ》き

意味 確《たし》かな品質《ひんしつ》や能力《のうりょく》が保証《ほしょう》されているたとえ。

使い方 厳《きび》しいコメントで有名《ゆうめい》なあの監督《かんとく》の**折《お》り紙《がみ》付《つ》き**なのだから、実力《じつりょく》は心配《しんぱい》いらない。

類語 **太鼓判《たいこばん》を押《お》す**（169ページ）

折《お》り紙《がみ》付《つ》きの優等生《ゆうとうせい》
のりつきのおむすびくん
まあね
塩《しお》もついてるよ

恩《おん》を売《う》る

意味 （見返《みかえ》りを期待《きたい》して）相《あい》手《て》が喜《よろこ》ぶことをする。［ずるい行《こう》為《い》として使《つか》われることもある］

使い方 今回《こんかい》はヤツにゆずるよ。ここでひとつ、**恩《おん》を売《う》って**おくのさ。

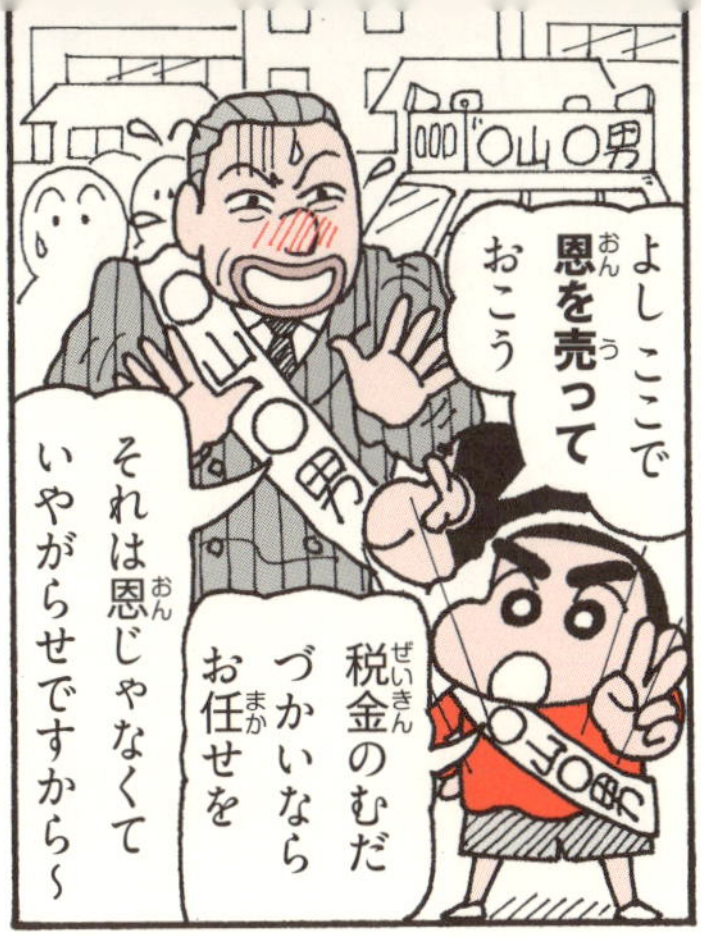
よしここで**恩《おん》を売《う》って**おこう
税金《ぜいきん》のむだづかいならお任《まか》せを
それは恩《おん》じゃなくていやがらせですから～

かさに着《き》る

意味 （自分《じぶん》とは別《べつ》の）大《おお》きな力《ちから》のある人《ひと》や物《もの》をバックにしていばり、勝手《かって》にふるまう。［笠《かさ》＝頭《あたま》にかぶるかさ］

使い方 政治家《せいじか》の親《おや》の名前《なまえ》を**かさに着《き》て**、やりたい放題《ほうだい》さ。

殿《との》さまの権力《けんりょく》を**かさに着《き》て**
チョコビの買《か》い占《し》めはだめですよ!!

風《かぜ》の便《たよ》り

意味 ぐうぜん聞《き》いたうわさ。

使い方 **風《かぜ》の便《たよ》り**に聞《き》いたけど、春日部《かすかべ》に引《ひ》っ越《こ》してきたんだって？ 今度《こんど》、会《あ》おうよ。

類語 **うわさ**。

優《ゆう》ちゃん次《つぎ》は主役《しゅやく》なんだって？
風《かぜ》の便《たよ》りに聞《き》いたわよ
ジャンケンで決《き》めたの？
実力《じつりょく》よ！

株《かぶ》が上《あ》がる

意味 評判《ひょうばん》がよくなる。［株《かぶ》＝評判《ひょうばん》のたとえ］

使い方 ボーちゃんが人助《ひとだす》け！一気《いっき》に**株《かぶ》が上《あ》がった**よ。

類語 **名《な》をあげる**。

反対語 **株《かぶ》が下《さ》がる**。

わぁぁ〜 サプライズ
いつも ありがとう
きれいい！ うれしいわ
株《かぶ》を 上《あ》げたい んだね
お給料《きゅうりょう》も 上《あ》がって ほしいわ

雷《かみなり》が落《お》ちる

意味 どなりつけられる。

使い方 それを見《み》つけられたら、きっとまつざか先生《せんせい》の**雷《かみなり》が落《お》ちる**わよ。知《し》〜らない。

類語 **雷《かみなり》を落《お》とす**。

ゴンッ
雷《かみなり》が落《お》ちる 前《まえ》に
つけまつげ が落《お》ちた

雲《くも》をつかむよう

意味 つかみどころがない。［良《よ》い意味《いみ》では使《つか》わない］

使い方 あの人《ひと》の話《はなし》はいつも**雲《くも》をつかむよう**な話《はなし》ばかりで、よくわからない。

いつかイケメンの お金持《かねも》ちに 見初《みそ》められて セレブな奥様《おくさま》に なるのよ〜♥
ホホホ
雲《くも》をつかむ ような お話《はなし》ね

群《ぐん》をぬく

意味 （力《ちから》、成績《せいせき》、技術《ぎじゅつ》、姿《すがた》などが）とびぬけて優《すぐ》れている。［群《ぐん》＝群《む》れ。集団《しゅうだん》］

使い方 野原選手《のはらせんしゅ》の投球《とうきゅう》は、速《はや》さ、コントロール、力《ちから》、すべてにおいて**群《ぐん》をぬいて**いる。

酢
あれはうちの2階《かい》ですわ
群《ぐん》をぬく高《たか》さだね
ケッ

けたがちがう

意味 とてもちがう。［けた＝①一《いち》、十《じゅう》など数《かず》の位《くらい》。②そろばんの珠《たま》をつらぬく棒《ぼう》］

使い方 アメリカの国土《こくど》の広《ひろ》さは、日本《にっぽん》と**けたがちがう**。

類語 **けたちがい**。

ゴォー
ラジコンですわ
ええっ本物《ほんもの》!?
さすが酢乙女家《すおとめけ》けたがちがう…

げたを預《あず》ける

意味 相手《あいて》に判断《はんだん》をまかせ、それに従《したが》う。［はきものを預《あず》けると自分《じぶん》が自由《じゆう》に動《うご》けず、相手《あいて》に従《したが》うほかなくなるから］

使い方 夏休《なつやす》みの旅行先《りょこうさき》については、母《はは》に**げたを預《あず》けて**ある。

あとはひまわりに任《まか》せるゾ
母《かあ》ちゃんのきげんが直《なお》らない…
げ
赤《あか》んぼうに**げたを預《あず》ける**なよと言《い》っている

煙《けむ》に巻《ま》く

意味 (大《おお》げさなこと、相手《あいて》がわからないことを言《い》って)ごまかす。[煙《けむ》＝けむり]

使い方 専門用語《せんもんようご》を並《なら》べたて、相手《あいて》を**煙《けむ》に巻《ま》く**のがうまい学者《がくしゃ》もいる。

世界的不況《せかいてきふきょう》の現在《げんざい》求《もと》められるのは経済《けいざい》の活性化《かっせいか》と男女《だんじょ》の平等《びょうどう》!
そのためには女性《じょせい》のいる店《みせ》で…
キャバクラ
そんなへりくつじゃ**煙《けむ》に巻《ま》け**ないわよ

けりをつける

意味 決着《けっちゃく》をつける。[和歌《わか》を終《お》わらせる「けり」という語《ご》から(下記《かき》)]

使い方 10年《ねん》も争《あらそ》いつづけた裁判《さいばん》に**けりをつける**日《ひ》が来《き》た。

類語 **片《かた》をつける**。

どっちが強《つよ》いか**けりをつけ**ようぜ
よし!
まつざか先生《せんせい》のつけまつげをとってくる競争《きょうそう》で勝負《しょうぶ》だ!
やめなさい

和歌《わか》は多《おお》くが「けり」で終《お》わる

たとえば、こんな感《かん》じだ。「逢《あ》ひみての／後《のち》の心《こころ》にくらぶれば／昔《むかし》はものを／思《おも》はざり**けり**(出会《であ》ってからの二人《ふたり》の恋心《こいごころ》に比《くら》べれば、昔《むかし》は恋《こい》に思《おも》いなやむことなどなかったなあ)」

最後《さいご》の「けり」は、感動《かんどう》して「〜だなあ」と思《おも》い返《かえ》す気持《きも》ちを表《あらわ》す。

「〜した」という、過去《かこ》の出来事《できごと》を伝《つた》えるために「けり」を使《つか》うこともある。

黒白《こくびゃく》を争《あらそ》う

意味 善《ぜん》と悪《あく》、正《せい》と不正《ふせい》をはっきりさせる。

参考 「黒白《くろしろ》を争《あらそ》う」とも読《よ》む。

使い方 裁判《さいばん》で、**黒白《こくびゃく》を争《あらそ》う**ことになってしまった。

類語 **白黒《しろくろ》をはっきりさせる**。

うんどうかい
弁護士《べんごし》を呼《よ》ぶわ
法廷《ほうてい》で**黒白《こくびゃく》を争《あらそ》い**ましょう!
かけっこでそれはずるくない?って言《い》っただけなのに…

図《ず》に乗《の》る

意味 つけあがる。［図《ず》＝仏教《ぶっきょう》の歌《うた》の楽譜《がくふ》。図《ず》のとおりに歌《うた》えると、図《ず》に乗《の》ったと言《い》った］

使い方 テストでたまたまいい点《てん》をとったからって、**図《ず》に乗《の》ら**ないでね。

セレブだからって**図《ず》に乗《の》って**んじゃないわよ!
私《わたし》は玉《たま》の輿《こし》に乗《の》りたいわー…

世話《せわ》を焼《や》く

意味 めんどうを見《み》る。

使い方 彼《かれ》は**世話《せわ》を焼《や》く**のも、**世話《せわ》を焼《や》かれる**のもきらいな性格《せいかく》なんだ。放《ほう》っておこう。

類語 **世話《せわ》する**。

おむつをとりかえてあげて〜
スチャッ
赤《あか》んぼうの**世話《せわ》を焼《や》く**のは大変《たいへん》だゾ
あとから生《う》まれればよかった…
ちゅぱちゅぱ
大《おお》げさねえ

底《そこ》が浅《あさ》い

意味 （ひとの力量《りきりょう》やものごとの内容《ないよう》に）深《ふか》みがない。

使い方 彼《かれ》は**底《そこ》が浅《あさ》い**。あれでは、使《つか》いものにならないよ。

参考 **底《そこ》が割《わ》れる**＝かくしごとが相手《あいて》に見破《みやぶ》られる。

私《わたし》も子《こ》どもにかえったつもりで…
わ〜い♪たのちいごちゅね〜
プールも演技《えんぎ》も**底《そこ》が浅《あさ》い**な

そつがない

意味 手落《てお》ちやむだがない。［そつ＝手落《てお》ち。むだ］

使い方 仕事《しごと》でもプライベートでも、彼女《かのじょ》のやることには**そつがない**。

参考 「卒がない」は当《あ》て字《じ》。

ばらより美《うつく》しいキミ
荷物《にもつ》お持《も》ちしますよ
ついでにお茶《ちゃ》でも♪
美人《びじん》に対《たい》しては**そつがない**わね

そでを分《わ》かつ

意味 一緒《いっしょ》にいた人《ひと》と別《わか》れる。

使い方 経営方針《けいえいほうしん》が合《あ》わなくなり、共同経営者《きょうどうけいえいしゃ》のA《エー》さんと**そでを分《わ》かつ**ことになった。

類語 **たもとを分《わ》かつ**。［袂《たもと》＝衣服《いふく》のそでの部分《ぶぶん》］

ジミ同盟《どうめい》のボーちゃんとは**そでを分《わ》かつ**！
ボクはハデになるんだ！
同盟《どうめい》を結《むす》んだつもりはない
ハデ
HADE
ハデ
ジミ

台《だい》無《な》しにする

意味 すっかりだめにする。

使い方 新品《しんぴん》のワンピースを、雨《あめ》で**台無《だいな》しにして**しまった。

類語 **水《みず》のあわになる**（205ページ）。

なんだ
あの看板《かんばん》！
クレヨンしんちゃん
読《よ》めば〜?
景色《けしき》を
台無《だいな》しに
してるよ！

高《たか》をくくる

意味 低《ひく》く（軽《かる》く）予測《よそく》する。［高《たか》は生産高《せいさんだか》などの高《たか》。数《かず》や量《りょう》の総額《そうがく》］

使い方 「年下《としした》の選手《せんしゅ》だから」と**高《たか》をくくって**いたが、とても強《つよ》いので、びっくりした。

そんなに食《た》べてないはずと
高《たか》をくくって
いたら…
ふ太《ふと》った
——!!
2kg
体重計《たいじゅうけい》

たてに取《と》る

意味 （人《ひと》や物《もの》を）いいがかりの道具《どうぐ》に使《つか》う。［盾《たて》＝敵《てき》の攻撃《こうげき》から自分《じぶん》を守《まも》る板状《いたじょう》の防具《ぼうぐ》。↓たてをつく（194ページ）］

使い方 犯人《はんにん》は、人質《ひとじち》を**たてに取《と》って**身代金《みのしろきん》を要求《ようきゅう》している。

人質《ひとじち》を**たてに取《と》る**なんて
ひきょうだゾ！
正確《せいかく》には犬質《いぬじち》
だが
せめて
横《よこ》にとれ！
はあ？

たてをつく

意味 さからう。［盾《たて》（193ページ）を地面《じめん》につきさした様子《ようす》を表《あらわ》す］

使い方 新人《しんじん》のキミが、この道《みち》30年《ねん》の私《わたし》に**たてをつく**の？

類語 **たてつく**。

黒磯《くろいそ》！ 私《わたくし》に**たてをつく**おつもり!?
めっそうもございません
ただ くつ下《した》が片方《かたほう》裏返《うらがえ》しでおかしい と
ぷぷ

玉《たま》にきず

意味 優《すぐ》れたものに小《ちい》さな欠点《けってん》があるたとえ。［玉《たま》＝宝石《ほうせき》。完《かん》ぺきなもののたとえ］

使い方 向上心《こうじょうしん》があって成績《せいせき》も人柄《ひとがら》もいい。でも、口《くち》が軽《かる》いのが**玉《たま》にきず**だ。

ボクは頭《あたま》いいしスポーツも万能《ばんのう》
完《かん》ぺきすぎるのが**玉《たま》にきず**かな
ええっ
玉《たま》にきず？
痛《いた》そう〜

地《ち》に落《お》ちる

意味 それまでの信頼《しんらい》や名声《めいせい》を失《うしな》う。

使い方 今回《こんかい》の不正入試《ふせいにゅうし》で、あの大学《だいがく》の名声《めいせい》も**地《ち》に落《お》ちた**。

参考 **一敗地《いっぱいち》にまみれる**＝失敗《しっぱい》して、復活《ふっかつ》できなくなる。

おみやげらぞ〜
へべれけ〜
ベチャ
ああ〜
ケーキといっしょに父親《ちちおや》の威厳《いげん》も**地《ち》に落《お》ちた**ゾ…

月《つき》とすっぽん

意味 二《ふた》つのものがとてもちがうたとえ。「月《つき》もすっぽん（かめの仲間《なかま》）も丸《まる》いが、まったくちがうところから」

使い方 有名歌手《ゆうめいかしゅ》の歌《うた》と比《くら》べたら、**月《つき》とすっぽん**だ。

天井知《てんじょうし》らず

意味 （価格《かかく》、売《う》り上《あ》げ、相場《そうば》が）どこまで上《あ》がるのかわからない様子《ようす》のたとえ。

使い方 物価《ぶっか》が**天井知《てんじょうし》らず**で上昇《じょうしょう》し、困《こま》った時代《じだい》がありました。

類語 **青天井《あおてんじょう》**。

途方《とほう》にくれる

意味 どうすればよいかわからず、とても困《こま》る。「途方《とほう》＝手段《しゅだん》。方法《ほうほう》」

使い方 夏休《なつやす》みの宿題《しゅくだい》が、まだこんなに残《のこ》っている！ 田中《たなか》くんは**途方《とほう》にくれた**。

どろをかぶる

意味 （周囲《しゅうい》の人《ひと》をかばうために）損《そん》な役割《やくわり》をあえて引《ひ》き受《う》ける。

使い方 「社長《しゃちょう》の代《か》わりに**どろをかぶってくれ**」と言《い》われたが、断《ことわ》った。

しんのすけが割《わ》ったが
野球遊《やきゅうあそ》びを始《はじ》めたオレがどろをかぶるよ
すみませんでした！
オラはヅラをかぶるゾ
ゆるしてくれんかの

泣《な》きを見《み》る

意味 （泣《な》くような）つらい目《め》にあう。

使い方 発表会《はっぴょうかい》で**泣《な》きを見《み》る**ことのないよう、練習《れんしゅう》しておこう。

参考 **泣《な》きを入《い》れる**＝泣《な》いて謝《あやま》る。⬇泣《な》きを入《い》れても許《ゆる》さない。

ちゃんと歯《は》みがきしないとあとで泣《な》きを見《み》るわよ
歯《は》みがきをサボる
虫歯《むしば》になる
美人《びじん》の歯医者《はいしゃ》さんへ
でへへ…
こらこら！

二足《にそく》のわらじ

意味 同時《どうじ》に二《ふた》つの仕事《しごと》をやること。

使い方 月曜《げつよう》から金曜《きんよう》までは会社員《しゃいん》、土曜《どよう》・日曜《にちよう》は若者《わかもの》に人気《にんき》の歌手《かしゅ》という、**二足《にそく》のわらじ**でがんばる。

あるときは刑事《けいじ》！
またあるときはドロボウ！
二足《にそく》のわらじをはくのは
キミを守《まも》りつつキミのハートをぬすむためさ♥

二《に》の句《く》が継《つ》げない

意味 （あきれたりおどろいたりして）次《つぎ》の言葉《ことば》（二《に》の句《く》）が出《で》てこない。

使い方 つまらないギャグにあきれて**二《に》の句《く》が継《つ》げなかった**。

類語 **開《あ》いた口《くち》がふさがらない。**

オラがおびきよせるからカブトムシいっぱいとれるゾ
あ、メスばっかり集《あつ》まっちゃうかも
あ ぜ ん
……

まだまだあるよ「二《に》」の慣用句《かんようく》

●二《に》の舞《まい》＝だれか（前回《ぜんかい》の自分《じぶん》）と同様《どうよう》の失敗《しっぱい》。「前《まえ》の舞《まい》（しばい）をまねることから」⬇しんちゃんの二《に》の舞《まい》は演《えん》じないぞ。カザマくんは心《こころ》にちかった。

●二進《にっち》も三進《さっち》もいかない＝物事《ものごと》が行《い》きづまり身動《みうご》きがとれない様子《ようす》。⬇カゼで体《からだ》が動《うご》かず、家《いえ》にはだれもいない。二進《にっち》も三進《さっち》もいかなくなって、お母《かあ》さんに電話《でんわ》で助《たす》けを求《もと》めた。

二《に》の次《つぎ》にする

意味 後回《あとまわ》しにする。「「重要《じゅうよう》に考《かんが》えない」という意味《いみ》」

使い方 父《ちち》は家族《かぞく》のことはいつも**二《に》の次《つぎ》にして**、仕事《しごと》ばかりしていました。

何時《なんじ》に終《お》わるの？お茶《ちゃ》でもいかが？
買《か》い物《もの》は**二《に》の次《つぎ》にして**ナンパかい？

ぬれ衣《ぎぬ》を着《き》せられる

意味 悪《わる》さをしてないのに悪者《わるもの》にされる。［濡《ぬ》れ衣《ぎぬ》＝ぬれた服《ふく》。身《み》に覚《おぼ》えのない罪《つみ》のたとえ］

使い方 私《わたし》は犯人《はんにん》ではありません。**ぬれ衣《ぎぬ》を着《き》せられた**が、アリバイがあるからです。

ぬれ衣《ぎぬ》を着《き》せられたわ 浮気《うわき》なんてしてないのに
はい ここで マサオくん！
台本《だいほん》
よよよ…
だったら 本当《ほんとう》に 浮気《うわき》しちゃえば？
ボ、ボクと……
すごい ままごとね

熱《ねつ》が冷《さ》める

意味 熱中《ねっちゅう》する気持《きも》ちが弱《よわ》くなる。

使い方 あんなに熱中《ねっちゅう》したカード集《あつ》めも、**熱《ねつ》が冷《さ》めて**しまった。

参考 **熱《ねつ》が入《はい》る**＝熱中《ねっちゅう》する。↓
今《いま》は将棋《しょうぎ》に熱《ねつ》が入《はい》っている。

みさえ ガーデニングは？ もう熱《ねつ》が冷《さ》めたのか？
てへ
まるでジャングル のようだゾー

音《ね》を上《あ》げる

意味 （つらさや苦《くる》しさから）泣《な》き言《ごと》を言《い》う。［音《ね》＝弱音《よわね》。泣《な》き声《ごえ》］

使い方 準備運動《じゅんびうんどう》で**音《ね》を上《あ》げる**なんて、気合《きあい》が足《た》りん！

類語 **弱音《よわね》をはく。**

つかれたー
もう 帰《かえ》りたい よ〜
みんなは音《ね》を 上《あ》げているけど ボクはまだまだ 元気《げんき》いっぱいさ
気《き》持《も》ち だけはね…
へな
へな

念《ねん》を押《お》す

意味 まちがいがないように再《さい》度《ど》、確《たし》かめる。

使い方 遠足《えんそく》の前日《ぜんじつ》、忘《わす》れ物《もの》がないか、母《はは》はしつこいくらいに私《わたし》に**念《ねん》を押《お》した**。

類語 **（念《ねん》には）念《ねん》を入《い》れる**。

本当《ほんとう》に本当《ほんとう》？
そんなに念《ねん》を押《お》さなくても
キミを愛《あい》してる本当《ほんとう》に本当《ほんとう》に本当《ほんとう》だよ♥
ケッ
バカップルめ…

白紙《はくし》にもどす

意味 もとの状態《じょうたい》にもどす。

使い方 計画《けいかく》を**白紙《はくし》にもどし**、ゼロから考《かんが》えなおしましょう。

類語 **白紙《はくし》に返《かえ》す**。

参考 **白紙《はくし》で臨《のぞ》む**＝事前《じぜん》に意見《いけん》や情報《じょうほう》を持《も》たずに対応《たいおう》する。

プロジェクトを白紙《はくし》にもどす!?なぜですか隊長《たいちょう》！
母《かあ》ちゃんがだめだって
のはら家《け》
㊙
ひみつ基地化《きちか》
けいかく
かすかべ防衛隊《ぼうえいたい》

薄氷《はくひょう》をふむ

意味 とても危険《きけん》な状態《じょうたい》のたとえ。［薄《うす》い氷《こおり》をふむと、割《わ》れて落《お》ちるかもしれないから］

使い方 最後《さいご》まで勝負《しょうぶ》の行方《ゆくえ》を見通《みとお》せない、**薄氷《はくひょう》をふむ**思《おも》いで勝利《しょうり》した。

延長後《えんちょうご》のPK《ピーケー》戦《せん》を制《せい》しひまわり組《ぐみ》優勝《ゆうしょう》！
ホッ
♪
バタ
くそー
よかった～
ふう～
PK《ピーケー》戦《せん》で10対《たい》9とは
薄氷《はくひょう》をふむような勝利《しょうり》だな

バトンをわたす

意味 （仕事《しごと》、地位《ちい》、責任《せきにん》を）次《つぎ》の人《ひと》に引《ひ》きわたす。「バトン＝リレーで使《つか》う棒《ぼう》」

使い方 5年生《ねんせい》の秋《あき》に、6年生《ねんせい》から児童会運営《じどうかいうんえい》の**バトンをわたされた**。

よーし 今日《きょう》から ひまわりに シロの散歩係《さんぽがかり》の **バトンを わたす**ゾ
たい！
まだ無理《むり》よ

羽目《はめ》を外《はず》す

意味 調子《ちょうし》に乗《の》って、ふだんやらないことをやる。「良《よ》くないこと、めいわくなふるまいを指《さ》す場合《ばあい》が多《おお》い」

使い方 **羽目《はめ》を外《はず》して**も、人《ひと》にめいわくをかけてはダメだ。

ボ、ボクとデート しませんか
羽目《はめ》を外《はず》した勢《いきお》いで デートにさそうとは…
コスプレ大会《たいかい》

一《ひと》たまりもない

意味 すぐにつぶされてしまう。「一《ひと》たまり＝わずかの間《あいだ》もちこたえること」

使い方 近所《きんじょ》にショッピングセンターができたら、この商店街《しょうてんがい》なんて**一《ひと》たまりもない**よ。

おれたちが本気《ほんき》になったら おまえなんか **一《ひと》たまりも ない**んだぞ！
たまなら 二《ふた》つあるゾ
はあ？…

人《ひと》を食《く》う

意味 (相手《あいて》を)小《こ》ばかにする。

使い方 **人《ひと》を食《く》った**、あのずうずうしいしゃべり方《かた》がキライなのよ。

類語 **ばかにする。**

火《ひ》の消《き》えたよう

意味 活気《かっき》がない様子《ようす》のたとえ。[火《ひ》＝活気《かっき》。勢《いきお》い]

使い方 休日《きゅうじつ》の小学校《しょうがっこう》は、まるで**火《ひ》の消《き》えたよう**に静《しず》かだ。

参考 **火《ひ》の付《つ》いたよう**＝激《はげ》しく。➡火《ひ》の付《つ》いたように泣《な》く。

まだまだあるよ「火《ひ》」の慣用句《かんようく》

- **火《ひ》の車《くるま》**＝家計《かけい》が苦《くる》しいたとえ。[仏教《ぶっきょう》から] ➡今月《こんげつ》も、家計《かけい》は火《ひ》の車《くるま》だ。
- **火《ひ》ぶたを切《き》る**＝戦《たたか》い・競争《きょう》・試合《しあい》が始《はじ》まる。[火《ひ》ぶた＝火縄銃《ひなわじゅう》の点火装置《てんかそうち》の一部《いちぶ》] ➡あの一声《いっせい》が、選挙戦《せんきょせん》の火《ひ》ぶたを切《き》った。
- **火《ひ》を見《み》るよりも明《あき》らか**＝はっきりしている。➡知《し》らんぷりをしたら、もっと多《おお》くの人《ひと》が困《こま》る。これは火《ひ》を見《み》るよりも明《あき》らかだ。

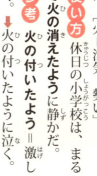

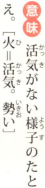

火花《ひばな》を散《ち》らす

意味 激《はげ》しく対立《たいりつ》する。［ぶつかった2本《ほん》の刀《かたな》に火花《ひばな》が散《ち》る様子《ようす》から］

使い方 遠足《えんそく》の行《い》き先《さき》をめぐって、園長先生《えんちょうせんせい》とまつざか先生《せんせい》が**火花《ひばな》を散《ち》らして**いた。

しんさまは私《わたくし》のものですわ！
バチバチ
いらないけどとられるのはしゃくだわ！

氷山《ひょうざん》の一角《いっかく》

意味 ごく一部《いちぶ》。［氷山《ひょうざん》の大部分《だいぶぶん》は、ふだん見《み》えない海中《かいちゅう》にあることから］

使い方 ニュースが伝《つた》えるふりこめさぎの被害者《ひがいしゃ》は、**氷山《ひょうざん》の一角《いっかく》**にすぎない。

くつ下《した》1枚《まい》でこのにおい…
むあ〜〜
これがまだ**氷山《ひょうざん》の一角《いっかく》**だなんて
出張《しゅっちょう》帰《がえ》りのひろしのバッグ

秒読《びょうよ》みに入《はい》る

意味 ①始《はじ》まる時間《じかん》が近《ちか》づく。②秒単位《びょうたんい》で読《よ》み上《あ》げる。

使い方 ①オリンピック開幕《かいまく》まで**秒読《びょうよ》みに入《はい》った**。②ロケットの打《う》ち上《あ》げが**秒読《びょうよ》みに入《はい》った**。3、2、1、点火《てんか》！

秒読《びょうよ》みに入《はい》ったゾ！
逃《に》げろ母《かあ》ちゃんが爆発《ばくはつ》する！
ゴゴゴ…
たい！

不意《ふい》をつく

意味 相手《あいて》が考《かんが》えていないことをする。「不意《ふい》＝とつぜんの。だしぬけ」

使い方 **不意《ふい》をつく**質問《しつもん》をされ、先生《せんせい》は返事《へんじ》に困《こま》った。

類語 **不意《ふい》を打《う》つ**。

二《ふた》つ返事《へんじ》で

意味 迷《まよ》いなく、積極的《せっきょくてき》な返事《へんじ》。「気持《きも》ちのよい返事《へんじ》のたとえで使《つか》う」

使い方 「やる？」「はい！」やりたい仕事《しごと》だったので、**二《ふた》つ返事《へんじ》で**引《ひ》き受《う》けた。

ふところがさびしい

意味 所持金《しょじきん》が少《すく》ない。「懐《ふところ》＝着物《きもの》と胸《むね》の間《あいだ》。昔《むかし》は懐《ふところ》にお金《かね》をしまった」

使い方 月末《げつまつ》は**ふところがさびしい**んだ。食事《しょくじ》は次回《じかい》にしよう。

反対語 **ふところが暖《あたた》かい**。

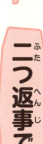

へりくつをこねる

意味 筋《すじ》が通《とお》らないりくつをあれこれ言《い》う。「へ＝つまらないもののたとえ」

使い方「**へりくつをこねる**な！」と祖父《そふ》はおこった。

類語 **へりくつを並《なら》べる**。

やったー！
ばら組《ぐみ》の優勝《ゆうしょう》だ！
ちょっと待《ま》て！ばら組《ぐみ》もひまわり組《ぐみ》も同《おな》じようち園《えん》！だから
ひまわり組《ぐみ》も優勝《ゆうしょう》だな！
？
へりくつをこねるなよ

棒《ぼう》にふる

意味 それまでの成果《せいか》を失《うしな》う。

使い方 ひじのけがで昨《さく》シーズンを**棒《ぼう》にふった**が、今年《ことし》はみごとに復活《ふっかつ》した。

類語 **水《みず》のあわになる**（205ページ）。

運動《うんどう》するとご飯《はん》がおいしいわ～
もりもり
ダイエットの努力《どりょく》を棒《ぼう》にふることになるぞ
前《まえ》より太《ふと》るぞ

ぼろが出《で》る

意味 欠点《けってん》が明《あか》るみに出《で》る。

使い方「**ぼろが出《で》**ないように……」と、きんちょうして初《はじ》めてのデートに向《む》かった。

類語 **化《ば》けの皮《かわ》がはがれる**。**しっぽを出《だ》す**（131ページ）。

すげー美人《びじん》！
きれいな人《ひと》だあ～
オホホホ
飲《の》みすぎてぼろが出《で》ないうちに切《き》り上《あ》げたら？

水《みず》入《い》らず

意味 親《した》しい者《もの》だけで親密《しんみつ》にする様子《ようす》。［水《みず》＝中断《ちゅうだん》］

使い方 正月《しょうがつ》は、家族《かぞく》**水入《みずい》らず**でゆっくりしました。

参考 **水《みず》を差《さ》す**＝じゃまする。

⬇話《はなし》に水《みず》を差《さ》すようですが。

やっぱり家族《かぞく》4人《にん》
水入《みずい》らずの食事《しょくじ》が
一番《いちばん》だな
ええ〜
お水《みず》は
ほしいゾ〜
ちがう
ちがう

水《みず》のあわになる

意味 努力《どりょく》がむだになる。［水《すい》面《めん》のあわはすぐ消《き》えるから］

使い方 C《シー》国《こく》とD《ディー》国《こく》が戦争《せんそう》に突入《とつにゅう》すれば、周囲《しゅうい》の国《くに》のこれまでの努力《どりょく》が**水《みず》のあわになる**。

類語 **棒《ぼう》にふる**（204ページ）。

おっと…
ブチッ
すぽっ
わ〜〜
今《いま》までの苦労《くろう》が
水《みず》のあわになった〜〜

水《みず》ももらさぬ

意味 警戒《けいかい》が厳重《げんじゅう》な様子《ようす》。［水《みず》がもれるすきまもないから］

使い方 あいちゃんの周囲《しゅうい》には黒磯《くろいそ》を中心《ちゅうしん》に、つねに**水《みず》ももらさぬ**警備網《けいびもう》がしかれている。

水《みず》ももらさぬ警備《けいび》の中《なか》
よく盗《ぬす》みだせたね
でも おしっこは
もらしちゃった

眼鏡《めがね》にかなう

意味 目上《めうえ》の人《ひと》から気《き》に入《い》られる。［眼鏡《めがね》＝人《ひと》や物《もの》の善《よ》し悪《あ》しを見《み》きわめる力《ちから》］

使い方 監督《かんとく》の**眼鏡《めがね》にかなった**新人選手《しんじんせんしゅ》のお手並《てなみ》を拝見《はいけん》しよう。

参考 **お眼鏡《めがね》にかなう**ともいう。

しんちゃんは
とってもいい子《こ》よ
お父《とう》さんの**眼鏡《めがね》に**
かなうはずよ
む…

メスを入《い》れる

意味 問題解決《もんだいかいけつ》のために思《おも》い切《き》った手段《しゅだん》をとる。［患部《かんぶ》を医師《いし》がメスで切《き》る様子《ようす》から］

使い方 子孫《しそん》によい国《くに》をのこすため、借金《しゃっきん》まみれの国《くに》の財政事情《ざいせいじじょう》に**メスを入《い》れる**必要《ひつよう》がある。

われわれの組織《そしき》にも**メスを**
入《い》れる必要《ひつよう》があるな
オスに
なるのか
ちがうよ

元《もと》も子《こ》もない

意味 何《なに》も残《のこ》らない。［元《もと》＝元金《がんきん》。子《こ》＝利子《りし》］

使い方 どんなに勉強《べんきょう》しても、体《からだ》を壊《こわ》しては**元《もと》も子《こ》もない**。

類語 **棒《ぼう》にふる**（204ページ）。**水《みず》のあわになる**（205ページ）。

ダイエットの
しすぎ〜？
無理《むり》するな
体《からだ》を壊《こわ》したら
元《もと》も子《こ》もない
だろ
あ…
ありがと
…
とにかく
食《た》べなよ

矢面《やおもて》に立《た》つ

意味 批判《ひはん》や質問《しつもん》をまともに受《う》ける立場《たちば》に立《た》つ。［矢面《やおもて》＝敵《てき》の矢《や》の飛《と》んでくる正面《しょうめん》］

使い方 保護者《ほごしゃ》からの質問《しつもん》や注文《ちゅうもん》の**矢面《やおもて》に立《た》つ**園長先生《えんちょうせんせい》の仕事《しごと》って、大変《たいへん》だなあ。

ワーワー
あの先生《せんせい》をやめさせないで！
子《こ》どもの意見《いけん》も聞《き》いてください！
おとなには事情《じじょう》があるんです〜〜〜
矢面《やおもて》に立《た》つのはつらいわね

やけを起《お》こす

意味 どうでもいい気持《きも》ちになる。［やけは「自棄《じき》」と書《か》く。］

使い方 好《す》きな人《ひと》にふられたからって、**やけを起《お》こさ**ないで。

類語 **やけくそ**。

えーい こうなりゃ朝《あさ》から牛乳《ぎゅうにゅう》飲《の》んでやる！
ひまわりにこわされた
やけを起《お》こさないで

コミックスで発見《はっけん》！

やけを起《お》こしてはだめよ

ガンッ
ドン
ガラッ
なんで まともな患者《かんじゃ》が ひとりもいないんだーっ!! ウガーッ!!

『クレヨンしんちゃん』50巻・38ページより

お医者《いしゃ》さんごっこにまともな患者《かんじゃ》が一人《ひとり》もこないからって、やけを起《お》こさないで。遊《あそ》びも勉強《べんきょう》も、ゆっくり楽《たの》しもうよ。

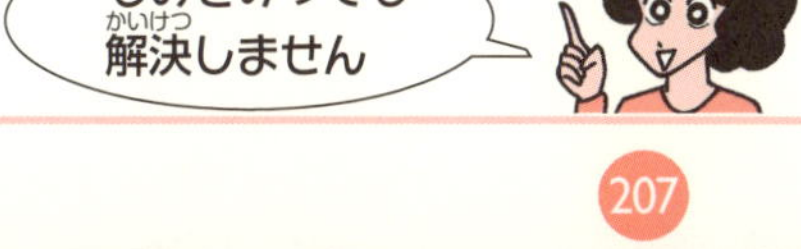
ものをけっても解決《かいけつ》しません

●参考にした辞典やサイト
『大辞林』（松村明編、三省堂）
『広辞苑』（新村出編、岩波書店）
『日本語慣用句辞典』（米川明彦・大谷伊都子編、東京堂出版）
『新明解語源辞典』（小松寿雄・鈴木英夫編、三省堂）
『用例でわかる慣用句辞典』（学研辞典編集部編、学習研究社）
「コトバンク」http://kotobank.jp/
「Weblio類語辞典」http://thesaurus.weblio.jp/

キャラクター原作　臼井儀人《うすいよしと》
まんが・イラスト　高原めぐみ　わの絵津呼　深見恵子
表紙・本文デザイン　山中章寛（ジェイアイ）
企画・構成・文　中村茂雄（りんりん舎）

本書は、2012年に刊行した『クレヨンしんちゃんのまんが慣用句まるわかり辞典』を2019年5月に改訂し、新版とした書籍です。

新版《しんばん》　クレヨンしんちゃんのまんが慣用句《かんようく》まるわかり辞典《じてん》

2019年6月25日　第1刷発行
2024年4月8日　第7刷発行

編集・構成／りんりん舎《しゃ》
発行者／島野浩二
発行所／株式会社双葉社
〒162-8540　東京都新宿区東五軒町3-28
[電話]03-5261-4818（営業）　[電話]03-5261-4869（編集）
http://www.futabasha.co.jp/（双葉社の書籍・ムック・コミックが買えます）
印刷所／三晃印刷株式会社
製本所／株式会社若林製本工場

ISBN 978-4-575-31469-4 C8076